ッグを組む!

生駒市発!

「自治体3.0」のまちづくり

生駒市長
小紫雅史

学陽書房

はじめに

「市民はお客様ではない」などと言えば、市役所は叱られるかもしれません。

しかし、地方創生・人口減少・少子高齢化時代において、まちづくりを進め、市民の満足度、定住意向を高めるためには、自治体、特に現場にもっとも近い市町村は、市民を単なる「お客様」にしてはいけません。それどころか、市民をお客様扱いし続ける自治体はいずれ崩壊するでしょう。

私がこう考えるに至ったのは、どの地域にもある、以下のような市民と行政のやり取りに起因します。

住民「いろいろお願いしても、行政は『金がない、人がいない』ばかり。市民のニーズに応えてないじゃないか」

行政「人口減少、少子高齢化で財政も苦しい。市民は要望やクレームばかり言ってくるが、我々も苦しい財政状況の中、人手不足の中でできることはやっている」

一方でこんな声も聞こえてきます。

市民「最近、退職者が増え、地元に戻ってきている。彼らはいろいろな経験をしているし、時間もある。活躍する場や機会を作ってくれたら街に貢献してもらえるはず」「子育ても少し落ち着き、社会と接点を持ちたい。何か良いきっかけはないか」

行政「まちづくりに奮闘する市民を取材したり、応援するうちに、自分もその活動に一市民として参加するようになった」「市民と力を合わせて進めた仕事はやりがいや達成感が大きい」

つまり、市民が、家庭や仕事のほか、地域に目を向け、まちづくりに参加いただくこと、また、そのような動きを行政が応援し、自らもまちづくりを楽しむことが今後ますます重要となります。

このような流れができた自治体は、市民と行政の不幸なにらみ合いから脱し、両者が力を合わせ、楽しみながらまちづくりが進む自治体となります。これこそが私が提唱し続けている「自治体3・0」であり、地方創生の根幹をなす考え方なのです。

言ってしまえば当たり前のことですが、これに気付いている自治体や地域、政府関係者、メディアはまだ少なく、気付いていても具体的な行動を起こせていません。

近年、Ｓｏｃｉｅｔｙ５・０やＳＤＧｓなどのキーワードをよく目にします。これらは自治体のまちづくりにも極めて重要なコンセプトですが、Ｓｏｃｉｅｔｙ５・０も「自治体３・０」の思想が入らない単なる最先端技術だけでは、多様な人々が関わる地域の課題に効果的に対応することはできません。また、ＳＤＧｓには17の目標がありますが、私が、その中でももっとも大切と考えているのは「誰一人として取り残さないこと」です。そして、この目標を達成するため、行政だけではなく、市民や事業者も、地域だけでなく国やグローバルな力も活かした取組が必要です。

本書では、この「自治体３・０」の基本的な考え方や、このようなまちづくりが必要となってきた社会背景や変化、「自治体３・０」に基づく具体的な取組事例を紹介します。また、今後のまちづくりの進むべき方向性について、「自治体３・０」の考え方、また、そのさらなる進化を踏まえながら考えていきます。

「自治体３・０」の考え方とそれに基づくアクションが全国各地に広がり、真の地方創生が全国の自治体に根付き、花を咲かせることを心から期待しています。そして、生駒市がそのトップランナーとして、最前線で挑戦していくことを宣言します。

著者

第1章

市民を単なる「お客様」にする自治体は崩壊する

第2章 これが「自治体3・0」の取組だ！

第3章 「自治体3・0」を実現するため、行政がやるべきこと

第4章　「自治体3・0」の今後の展開

第1章

市民を単なる「お客様」にする自治体は崩壊する

1

まちづくりに汗をかいてもらう方が市民満足度と定住意向が高い！

私の手元に一つの統計があります。

生駒市において市民の定住意向や満足度と、「まちづくりや地域の活動に参加意向があること」との間に正の相関があることを明らかにした統計です。

まちづくりの活動に参加したいと考える市民や、実際に自治会やボランティア活動に参加している人の定住意向や市民満足度は、そうでない人よりも有意に高くなっています。市民を単なる「お客様」にするのではなく、市民にもまちづくりに汗をかいてもらえる街の方が、市民満足度も定住意向も高まるのです。

私のまちづくりにかける想いは、このデータによって確信に変わりました。

生駒市市民満足度調査が示すもの

平成29年度の生駒市市民満足度調査を基に、「あなたは、まちや地域をより良くしていくために活動したいと、どの程度思いますか。」という設問と、定住意向や満足度との相関を分析すると、まちづくり活動をしたいと強く思う人の定住意向は72・9％、満足度は５・48点（7点満点）でした。一方で、まちづくり活動を全くしたくない人の定住意向は26・８％、満足度は３・73点でした。

また、実際に何らかの地域活動に参加している人の定住意向は61・１％、満足度が５・02点だったのに対し、あまり参加していない人の定住意向は47・０％、満足度は４・84点でした。つまり、まちづくりや地域づくりに関心がある人、実際に活動している人は、その街に対する満足度も高く、住み続けたいという意向も強い傾向にあると言えます。

定住意向が強い人が地域活動に取り組む傾向が強いのは当たり前だと思う方もいるかもしれません。しかし、生駒市のような住宅都市に住む人は、その利便性や自然の豊かさなどを定住の理由と考える人も多いので、定住意向や満足度が高くても地域活動に関心のない方がむしろ多いとも考えられるのです。

その中で、地域活動と定住意向や満足度にかなり明確な正の相関が出たことはうれしいことでもあり、市民とともに汗をかいて進める「自治体3・0」のまちづくり、という生駒市の方針が間違いないという一つの根拠となっています。

（平成29年度生駒市市民満足度調査）https://www.city.ikoma.lg.jp/0000011559.html

市民に動いてもらった方が満足度が高くなる

生駒市は、今、全国の自治体関係者から大きな注目をいただいています。各種の先進的な施策はもちろんですが、その根幹にあるまちづくりの大原則「市民と行政がともに汗をかきながら進める楽しいまちづくり」という方針と、それに基づく取組が、これからの地方創生時代の自治体に大切な示唆を与えているからだと考えています。「各種の補助金が充実しているから」というだけの理由で、住む自治体を選んだ市民は、それよりも多くの補助金を支給する自治体があればそちらに移ってしまう可能性があります。移るまではしなくても、その後、行政に対し、「他の街と比べてうちの街の取組は遅れている」「こんな街に住むんじゃなかった」などという気持ちを抱えたまま住み続ける市民となります。

もちろん、自治体の責務として、市民のニーズに応え、他の自治体に負けないような取組を進めることも必要でしょう。それでも、細かな施策一つひとつを見た時に、すべての項目で他市よりも進んだ取組をすることは不可能ですし、そんなまちづくりを目指す必要もありません。市民のニーズを踏まえて行政経営にメリハリをつけ、行政だけでできない分野は市民や事業者の力を借り、結果として他自治体に負けないまちづくり、市民が納得できるまちづくりを進めればよいのです。

市民が参加する形で子育て支援の取組が進められている地域は、行政による子育て支援に加え、行政だけでは応えきれなかった市民の子育てニーズに、市民が自ら応えるための取組を行ってくださいます。

自分たちの活動で他の市民を幸せにできた、笑顔にできたと感じた市民は、まちづくりに自分の足跡を残すことができた喜びを感じ、よほどのことがない限りその地域を離れることはありません。地域に対する愛着がわき、活躍している自分を誇りに感じ、なにより日々の生活が楽しく充実しているからです。

生駒市でこのような人が増えていることが、冒頭お示ししたような統計の結果にも表れていると確信しています。そして、これからの自治体が目指すべきは、次の四つの基本的な方針だと考えるようになりました。

「まちづくり活動を通じて、市民が街に愛着と誇りをもって住み続ける街」
「市民が、自分たちの課題を自分たちで解決しようとする街」
「まちづくりに奮闘する市民を行政や他の市民が応援し、ともに汗をかける街」
「行政でしかできないことは、他の街に負けないよう、行政も奮闘する街」

すなわち、市民を単なる「お客様」にするのではなく、市民と行政が「ともに汗をかいて進めるまちづくり」。私はこのようなまちづくりを「自治体３・０」と呼び、今後の地方創生時代を生き抜く自治体がもっとも大切にしなければならない、まちづくりの大原則であると確信しています。

地域活動への参加状況と定住意向、満足度の関係性

活動種別		定住意向 「現在のところにずっと住みつづけたい」と回答した人の割合	総合的な住みやすさの満足度 「1. 非常に不満」～「7. 非常に満足」の７段階評価の平均値
自治会活動	よく参加している	64.6%	4.94点
	現在も今後も参加するつもりはない	37.3%	4.69点
地域の清掃・美化活動、リサイクル活動	よく参加している	63.4%	4.99点
	現在も今後も参加するつもりはない	37.6%	4.62点
福祉、子育て、観光など各種ボランティア活動	よく参加している	57.9%	4.84点
	現在も今後も参加するつもりはない	46.2%	4.74点
全ての活動	いずれかによく参加している	61.1%	5.02点
	よく参加しているものはない	47.0%	4.84点
【参考】全体		51.6%	4.90点

地域活動への参加意向と定住意向、満足度の関係性

地域活動への参加意向		定住意向 「現在のところにずっと住みつづけたい」と回答した人の割合	総合的な住みやすさの満足度 「1. 非常に不満」～「7. 非常に満足」の７段階評価の平均値
問６　あなたは、街や地域をより良くしていくために、活動したいとどの程度思いますか。	1. 強く思う	72.9%	5.48点
	2. ある程度思う	59.3%	5.10点
	3. どちらでもない	45.3%	4.79点
	4. あまり思わない	37.2%	4.48点
	5. 全く思わない	26.8%	3.73点
【参考】全体		51.6%	4.90点

2 「自治体3・0」とは何か？

まちづくりに汗をかくことのできる市民を増やし、「市民力（＝地域愛＋まちづくりへの行動力）」を最大限活かしたまちづくりを進める自治体を、私は「自治体3・0」と呼んでいます。「自治体3・0」こそ、地方創生・人口減少時代に自治体が生き残るために不可欠な、まちづくりの基本原則になるのです。

では、どうして「自治体3・0」のまちづくりが不可欠なのでしょうか。「自治体3・0」が登場するまでの、「自治体1・0」や「自治体2・0」のまちづくりとの違いに触れながら、その理由や意義を説明します。

「自治体1・0」はいわゆる「お役所仕事」「ゆでガエル」

「自治体1・0」とは、人口減少や少子高齢化をはじめとする社会の大きな課題や財政危機等に直面してもなお「もうしばらくは何とかなる」「最後は国や県が何とかしてくれる」「仕方ない」という自治体です。

地方創生からはほど遠く、市民への接遇にすら問題を抱える自治体で、いわゆる「お役所仕事」「ゆでガエル」の典型ですが、このような自治体がまだまだ多いのもまた現実です。

「自治体2・0」は市民ニーズに応え続けるが大きな課題も…

これに対し、「自治体2・0」とは、「自治体1・0」に対する市民やメディアからの批判が集まる中、「改革派」といわれる首長が登場し、「市民はお客様」という意識で接遇改善を進め、民間企業のスピード感やコスト意識を持って、財政再建・行政改革などに取り組む自治体です。

自治体間競争に勝ち抜くための差別化や比較優位を形成し、首長のトップダウンの下、市民ニーズを反映したまちづくりを実現しており、評価すべき点もあります。

しかし、改革派首長が率いる「自治体2・0」には多くの課題も顕在化しています。

第一に、職員数が減り、財政が厳しさを増す中で、多様化・専門化する市民ニーズのすべてに行政だけで対応することは不可能です。「市民はお客様」「行政は市民のニーズに全力で応えます」という発想は、行政の予算も人員も潤沢だった時代にはある程度有効だったでしょうが、現在では成立しません。

第二に、「自治体2・0」では、改革派首長のトップダウンが強く、首長や行政が何とかしてくれるという「お上に頼る」市民意識を助長してしまうことです。「まちづくりは自分たちでやった方が楽しい、より良いまちにできる」ということに市民が気づく機会を行政が奪ってしまうことになりかねません。

さらに言えば、首長のトップダウンが強いと、職員の意識改革や自主的な行動が育ちにくいことも課題となります。トップの指示に応えることだけで精いっぱいの職員が増え、首長が変われば元の木阿弥と言うことにもなりかねません。まちづくりが首長の力量以上に進まないのです。

まちづくりをスピード感を持って進める意味では、「自治体２・０」は有効です。しかし、「自治体２・０」の発想だけですべての行政課題に対応することはできません。効果的かつ持続可能なまちづくりは不可能なのです。

「自治体3・0」は「みんなの課題はみんなで解決」が基本

このような「自治体２・０」の限界を突破するために必要なのが「自治体３・０」です。

「自治体３・０」の基本的な考え方は、行政だけが市民ニーズに応え続けるのではなく、「クラウド」的な発想で「みんなの課題をみんなで楽しく解決」することです。

そもそも、地方創生と言えば、「人口を増やすこと、減らさないこと」と誤解されていますが、その地域に住んでいる人が「いつまでも住み続けたい」と考える楽しいまちづくりを市民と行政が協力して実現すること、市民がやりたいことをやりたいときに、やりたい方法でみんなと一緒に進められるまちづくり、がもっとも大切です。

「自治体1.0」、「自治体2.0」、「自治体3.0」の違い

	「自治体1.0」	「自治体2.0」	「自治体3.0」
コンセプト	人口減少や少子高齢化は仕方ない 国や県の支援を期待	市外から人を呼び込む 市民に満足してもらい、つなぎとめる	今住んでいる人にとってより良い、楽しい場所にする（人口増加は2次的な効果）
市民との関係	市民サービス向上の意識が薄い 取組が不十分	市民＝お客様（市民ニーズに行政が応えることが大切）	市民に汗をかいてもらう協働・協創 みんなの課題はみんなで解決
基本的な行動様式	前例踏襲 現状維持	（他の自治体との）競争における差別化・優位性の確保	主体的な価値の創出を通じた住民満足度・定住意向上昇

そのようなまちづくりが他の地域にも認知され、「結果として」市外からも人が集まってくることが地方創生の理想形です。

そのためには、前述したように、地域への愛や誇りを持つ市民を増やし、それをまちづくりへの行動力へとつなげることが大切なのであって、これこそが「市民力」と呼ぶべきものなのです。

市民に汗をかいてもらってまちづくりを進め、その経験がさらなる地域への愛・誇りとなり、「この街に住み続けたい」という定住意向が高まり、「まちづくりに参加した方が楽しい」

という市民がさらに増え、次のまちづくり活動がどんどん広がっていきます。

改革派市長が1人いるだけよりも、街に飛び出す職員が１００人いる方が、さらには、まちづくりに参加できる市民が1万人いる方が、街は中長期的に、持続可能な形で発展するのです。

3

地域を見渡せば、まちづくりの担い手はいくらでもいる

「自治体3・0」のまちづくりが不可欠な理由として、行政主体以外にも地域の中にまちづくりの担い手が大きく増えていることが挙げられます。

前述した生駒市の市民満足度調査によれば、何らかのまちづくりに参加したい市民の割合は51・7%（ぜひ参加したい5・5%、できれば参加したい46・2%）であり、過半数の市民がまちづくり活動への参加を考えています。

このような皆さんの力をまちづくりに使わない手はありません。

まちづくり人材を見逃すな！

女性の社会進出や退職者の地域デビューはもちろん、事業者もＣＳＶ（Creating Shared Value）やＳＤＧｓの視点から自治体との連携に前向きになっています。大学や学生も実学志向の高まりに対応するために自治体の現場に熱い視線を向け、現役世代も働き方改革の流れの中、仕事以外の人生を見つめなおし、住んでいる地域での生き方を考え始めています。

このようなまちづくり人材を放っておくのか、信頼関係を築いて「自治体３・０」のパートナーとするのかが、自治体経営の大きな分岐点となります。

したがって、退職者、主婦、学生、現役世代、事業者やＮＰＯなど、あらゆる市民がまちづくりを楽しみ、活躍できるきっかけづくりと場づくりが行政の責務です。

退職した元気なシニアを図書館から街に引っ張り出そう

団塊の世代が大量に退職を迎え、地域の図書館や公民館などで見かけることが増えてきました。生駒市のような住宅都市ではよく目にする光景ですが、このようなシニアの皆様に、毎日楽しく安心して「余生」を暮らしてもらうことだけが自治体の仕事ではありません。

これからの自治体は、仕事を退職した高齢者をまちづくりに活用できるかが腕の見せ所。「図書館に集まる高齢者をまちへ！」がキーワードです。

そこで、シニア世代の地域デビューを応援することが自治体の大切な仕事になります。シニア世代がまずは健康づくり、仲間づくり、生きがいづくりから始め、その先に、これまでの仕事や家事などで培った知見やネットワークを活かして、まちづくりにデビューしてもらうのです。シニア世代は、ボランティアはもちろん、地域ビジネスなどを興すための貴重な人材です。

その背景には「人生100年時代」があります。平均寿命は男性で80・8歳、女性で87・0歳（厚生労働省：2018・4・17報道資料）ですが、これは若くして亡くなった人なども含めた平均値なので、実際に亡くなる方が一番多い年齢は、男性86歳、女性が92歳前後です。まさに「人生100年時代」が近づいているのです。

そうであれば、65歳で退職しても人生はまだ20年以上あるのですから「余生を楽しむ」なんていう言葉は死語になるでしょう。リタイアして地域に戻っても、何か打ち込むことを作らないと20年間楽しく元気に暮らすのは難しいからです。

まちづくりの貴重な人材であると同時に、このような活動に参加することが高齢者の健康寿命を大きく伸ばす効果があることも、生駒市が高齢者をまちづくりにつなぎこんでいる理由の一つです。生駒市の男性平均寿命は全国１７００以上ある市区町村で第9位、女性も奈良県の39ある市町村で第2位という長寿のまち（厚生労働省平成27年簡易生命表より）ですが、単に長生きではなく、元気で楽しく長生きしてもらうために欠かせないのがまちづくりへの参加です。

全国老人クラブ連合会のパンフレットによると、地域で役割のある高齢者は長生きしやすい（死亡率12％減）、また、地域組織参加率が高いと認知症リスクが減少するという研究結果が示されています。

地域活動に参加していただき、まちづくりに貢献いただくことで、街にもプラス、定住促進や市民満足度にもプラス、そして健康寿命にもプラスとなるのです。

（全国老人クラブ連合会「組織活動は健康長寿の秘訣」）
http://www.zenrouren.com/siryou/pdf/soshiki.pdf

「地域デビュー」をしっかり応援することで、高齢者を単なる支援の対象とする考え方を改め、「元気な高齢者はまちづくりの担い手として活躍」「高齢化をネガティブワードにしない」まちづくりを目指す自治体だけが、少子高齢化社会の中でも発展を続けることができるのです。

女性の活躍は専業主婦かフルタイムワークかの択一ではない！

「女性の活躍」が時代のキーワードとなっています。

特に生駒市のような住宅都市では女性の就業率が低い傾向にあり、女性による社会参加は大きなポテンシャルを秘めています。

しかし、私は、「女性の活躍」とは、単に保育園を整備してフルタイムで勤務してもらうということではなく、行政や事業者が、女性の多様な働き方・生き方を選択肢として理解し、そのための環境を整備することだと考えています。

実際、生駒市でも、「フルタイムで働くのでなく、柔軟な勤務時間で働きたい」「自宅もしくは自宅の近くで働きたい」という声が多かったことから、駅前にテレワークで勤務可能なサテライトオフィスを開設しました。

このオフィスでは、「育児や介護などの突発的な事案が発生した時にも安心して働ける環境がほしい」という声にも応えるため、お互い助け合いながら一つの仕事を分担して完成させるコワーキングも支援しているほか、起業をめざす方への経営支援セミナーも開催し、実績を上げています。

例えば、特技やスキルを活かして子育てサロンの経営やマルシェの開催、オンラインショップでのアクセサリー販売やカフェの開業など、仕事を通じてまちづくりに参加する女性が増えており、まちづくりの担い手として欠くことのできない存在となっています。また、そんな仲間同士で子どもを連れて出かけたり、子育てシェアをする事例も出てきており、子育てや家庭にも良い効果が出ています。

このような柔軟な働き方をする女性は、仕事以外の時間を地域活動にも充ててくださったり、仕事自体がまちづくりや家庭・子育てと連動しているケースも多いのです。

大学や学生の実学志向が街を救う

まちづくりの担い手という視点から見ると、学生の力も侮れません。

近年、就職活動などにおいて、「主体的・具体的に活動した経験」を持つ学生が高く評価される傾向にあることから、学生は社会に出る前に地域に出ることも多くなりました。したがって、インターンや現場経験を積もうとする学生や、実学を重視して地域で成果を実証しようとする大学や学生と連携して、地域の課題にともに取り組むのが、自治体の合理的な行動方針となります。

生駒市でも、大学のＰＢＬ（Project Based Learning）の機会を学生に提供したり、まちづくりのワークショップに参加してもらったりすることを通じ、まちづくりの担い手として、大学や学生の力をお借りしています。例えば、近畿大学との包括協定に基づき、地域づくりのワークショップのコーディネーターをお願いしたり、環境イベントに学生の力を借りたりしています。

若者や学生は様々な流行を先取りし、新しい技術を取り入れるなど、時代の最先端にいます。これからの激動の時代、ベテランの知見は、これまでと同じようには通用しません。むしろ新しい感覚を持ち、しがらみにとらわれない若者の発想と行動力を自治体がうまく引き出すことでまちづくりの大きな戦力となるのです。これまでに例のない新しい課題に取り組む時はなおさらです。

また、今の学生たちは、ワーク・ライフ・バランスはもちろん、コミュニティに参加することの楽しさや大切さを自然と理解している人も多いことから、就職した後も地域活動の担い手として活躍してくれる可能性が高く、「自治体３・０」のまちづくりには大切な存在となるのです。

70歳の平均余命	男性15・84年　女性20・10年
平均寿命	男性81・25歳　女性87・32歳

（厚生労働省平成30年簡易生命表）

https://www.mhlw.go.jp/toukei/saikin/hw/life/life18/index.html

4

ＣＳＶとＳＤＧｓにより、働き方改革とまちづくりがつながる

「働き方改革」というキーワードと「ＣＳＶ」や「ＳＤＧｓ」というキーワードが融合したとき、事業者や会社員などの働く世代は、「自治体３・０」のまちづくりに必要な担い手へと変化を遂げます。前項で説明した、シニア世代、女性の活躍、大学や学生の実学志向に加え、事業者やそこで働く会社員、新しい公共と言われるＮＰＯなどもまちづくりへの存在感を増しています。

ＣＳＶやＳＤＧｓの高まりが事業者やＮＰＯを地域に向かわせる

近年、地域課題の担い手として存在感を増しているのが民間企業です。

公害問題などが典型的ですが、従来、民間企業は、自分たちの利益のためには社会的な課題など二の次にしか考えていない、と言われることが多かったと思います。

それが、社会からの批判の高まりなどを受け、企業も社会的な課題への対応に取り組み、自社のイメージ改善に努めてきたのがＣＳＲ活動です。タバコ会社がポイ捨て禁止や地域の清掃活動に取り組んだり、製紙会社が植樹に力を入れたりしたほか、多くの会社が文化活動などに力を入れたのがわかりやすい事例です。

最近では、ＣＳＲを超えて、ＣＳＶ（Creating Shared Value）の時代となり、単なる社会貢献ではなく、本業を通じて社会的課題の解決に貢献し、同時に自社の経済的な価値も創出できるという考え方に基づく企業活動が展開されています。

例えば、省エネ性に優れた製品を開発して環境問題に寄与しながら売り上げ・利益を伸ばす事業や、ＡｉｒｂｎｂやＵｂｅｒといったシェアリングエコノミーも、社会課題の解決と経済的な価値の創出を両立している点でＣＳＶ活動と言えます。

また、近年では、ＳＤＧｓ（国連の持続可能な開発目標）の概念も広く浸透しており、ＳＤＧｓを経営理念に盛り込んだ企業を対象とした金融商品なども販売され、多くの投資を集めています。社会的課題の解決に取り組むことが、自社のイメージアップはもちろん、企業の経済的な価値も生み出すという認識が広まっているのです。

このような企業の変化を踏まえれば、ＣＳＶ意識が高く、ＳＤＧｓなどに取り組む企業と自治体が連携して地域課題を解決し、市民にも自治体にも企業にもプラスをもたらす関係を創れるはずです。

働き方改革は生き方改革だと気づいた現役世代が動いた！

現在働いている人は、「仕事だけでも大変な中で、育児や介護などと何とか両立しようと奮闘しているのに、それらに加えてまちづくりに参加するなんて絶対に無理」という方が多いのではないでしょうか。しかし、働き方改革を含めた社会の大きな変化を考えれば、「まちづくり」や「地域・コミュニティ」という要素を人生に取り込むことによるメリットは計り知れません。

例えば、地域にかかわることによって、家庭にもプラスが生まれます。

子育てや高齢者福祉など、自治体や地域の活動やイベントはたくさんあります。そういう活動・イベントに参加して楽しむことで、子育てや介護を楽しむことが可能となります。その流れで知り合いを作り、仲間とともに少しずつ企画する側の活動にも興味が出てくれれば最高です。夏休みのラジオ体操とか、公園での流し素麺やＢＢＱなど、父親グループでそんな活動ができたら地域活動も子育ても一層楽しくなります。地域と接点を持つというと、「自治会やＰＴＡの役員をしないといけないんじゃないか」と負担面ばかり気にする方が多いのですが、地域への入り方は、負担ではなく支援を頼る方から入ってもよいのです。そのうえで、少し子育てが落ち着いてきたら支援する側に回ってもらえれば十分です。

それだけではありません。仕事や家庭以外のサードプレイス（第三の場所）を持つことは、仕事面でも大きなプラスとなります。仕事や家庭に問題を抱えた時に視点を変え、気分を変えることのできる場所は人生において貴重です。また、地域での活動を通じて、仕事では知ることのできない知見を得たり、社会課題について意見を交わしたりすることが、仕事にも役に立つことが少なくありません。

各企業でも副業を容認する機運が高まっており、現役世代も地域に入りやすくなっています。同時に、企業による副業容認の動きは、裏を返せば「終身雇用が難しくなりつつある」という意味も含まれているかもしれません。コミュニティビジネスなどを副業として経験している人は、本業でもその経験が活かせるという点はもちろん、仮に本業がうまくいかなくなった時でも、仕事や収入面での脆弱性を一定回避できているとも言えるのです。

人生100年時代を楽しむためにも、現役時代から何らかの地域との接点を持っておくことが大切です。退職した時、ほとんど地域に友人もいない人が、65歳から急に地域デビューするのは簡単なことではありません。私は個人的に、サラリーマンの皆さんとともに「勤め先だけでなく、地元に飲み友達を創ろう」という集まりを立ち上げ、参加していますが、その目的はまさに現役世代の地域参加です。

このように、人生100年時代において、働き方改革とは生き方改革にほかなりません。退職後の人生設計や本業以外の選択肢も意識しておいた方が豊かな人生が送れるのです。現役世代でこういう認識を持っている人は、時代を先取りできる人材であり、地域に入っても活躍できる人材が多くいます。こういう人材を見つけ、街につないでいけば、まちづくりは大きく前に進むのです。

ＮＰＯ法人、社会的企業などの新しい公共を活かす！

以前ほど聞かなくなった「新しい公共」という言葉ですが、市民や企業以外にも、ＮＰＯ法人やソーシャルビジネス、コミュニティビジネスに取り組む人たちは、今も熱心に地域の課題に取り組んでいます。彼らは、強く関心を持っている分野については、行政もかなわないほどの高度の専門性やスキルを有しており、行政と連携した課題解決はもとより、それをビジネスチャンスととらえてうまく事業展開しています。経営を順調に進める法人も増えてきました。

後述するまちづくり会社のように、市民や事業者をまちづくりにつなぎこむ役割を果たす法人も生まれており、「自治体３・０」のまちづくりにあたって、行政が今後ますますの連携強化を進めていくべき存在となっています。

5 ワーク・ライフ・バランスはもう古い！

生駒市は、長年、大阪のベッドタウンとして発展を遂げてきました。しかし、「ベッドタウン」のままではこれからの社会変化に対応できなくなるのもまた事実です。ベッドタウンから卒業し、仕事も家庭も地域活動も同じ地域にあるまちづくり。生駒市は、仕事だけではなく、ワーク・ライフ・バランスでもなく、ワーク・ライフ・コミュニティの三つが融合する生き方、まちづくりを模索していきます。

「ベッドタウン」と呼ばないで！

生駒市は、大阪に通勤する人の割合が高く、昼間人口割合が77・3％（国勢調査：

平成27年10月1日現在）と全国的に見ても典型的な「ベッドタウン」です。

高度成長時代、「ベッドタウン」という言葉は、閑静な住宅街、自然も豊かで治安もよく、利便性も高い、という良いイメージで受け止められていました。

しかし、ベッドタウンを直訳すれば、仕事一筋のサラリーマンが夜と週末を過ごすだけの、まさに「寝るために帰る街」。現在の価値基準で考えれば、あまり良いイメージではありませんので、私は「生駒市のことをベッドタウンと呼ばないで」とお願いしています。

高度経済成長の時代は、「寝るために帰る街」でも社会が機能していたのでしょうが、社会状況は大きく変化しています。女性の社会進出が進み、子育てや介護など、男女が分担して仕事と家庭をどのように両立するかが大きな社会問題となり、「ワーク・ライフ・バランス」の考え方の浸透、それに基づく取組が進展しました。

実際に、生駒市人権に関する市民意識調査結果報告書（平成25年度、29年度）によると、「男性は外で働き、女性は家庭を中心に家事・育児をしたほうがよい」という設問に対し、「そう思う」と回答した人の割合は、平成7年で21・1％、平成15年で19・0％、平成25年で8・3％、平成29年で6・5％となっています。

このような市民意識の変化を踏まえ、生駒市では、保育園や病児保育施設の整備、預かり事業の推進や父親の育児に対する啓発と実践など、先進的な事業に取り組み、ワーク・ライフ・バランスを実現できるまちづくりを進めてきました。

その結果、生駒市は、子育てしやすい街として、市内外から高い評価を得て、市民満足度調査でも、生駒市のイメージとして、「子育てしやすい」を選択した人が二番目に多くなっています。

（生駒市ウェブサイト「人権・多文化共生・男女共同参画」）
https://www.city.ikoma.lg.jp/category/2-8-3-5-0.html

ワークとライフに「コミュニティ」を加える時代に

しかし、私はワーク・ライフ・バランスの考え方ですら、もう古いと思っています。その理由は、仕事と家庭に加え、「地域（コミュニティ）」の要素を意識して行動しないと、社会の変化や仕事・家庭面での問題に対応しきれないからです。

例えば、ライフとコミュニティを組み合わせることにより、子育てや介護の負担や悩みを地域の関係者と共有したり、支援いただいたりして軽減することができます。

生駒市には、20年以上続く市民活動として、介護の経験者が、現在、家族の介護で悩んでいる人の相談に乗ったり、勉強会をしたりする「介護者（家族）の会」という活動があります。要介護者を支える家族が心身ともに疲れ果て、二次的な問題を引き起こすことが近年、厚生労働省の各種計画にも明記され、対応が急がれていますが、同団体は、20年以上前からその問題に注目し、市民同士が支え合って、生駒市民の介護環境の改善、介護者の負担軽減を実現してきたのです。

子育てについても、多くの育児サークルや支援団体があるほか、ファミリーサポート事業はもちろん、シェアリングエコノミー関係事業者である「(株) ＡｓＭａｍａ」や「(株) タスカジ」などとの協定に基づき、多様な地域力、市民力を活かした子育て・介護の支援を具体化しています。

コミュニティと言うと、「自治会やＰＴＡの役員やらなきゃダメなんでしょ？」という反応も多いのですが、地域にはいろいろな支援の場や機会があり、人材もいます。まずは地域に頼ってみるところから始めるのも立派な地域への参加方法であり、落ち着いたら、逆に地域に恩返しをすれば良いのです。

さらに言えば、ワークとコミュニティにも大きな相乗効果があります。

昨今、地方創生と無関係な事業者を探すのは困難であり、仕事をしている人のほとんどが地域課題と何らかの関係を持っているでしょう。したがって、自分の仕事に関係するイベントやワークショップ、自治会やPTA、NPOなどの活動に参加して、地域社会の現場や課題と向き合う機会を得れば、自治体職員はもちろんのこと、多くの方にとっても、仕事面で役に立つ可能性が大いにあるはずです。

退職した高齢者が、地域課題に対応するためのコミュニティビジネスを起こすこともワークとコミュニティの融合と言えます。

例えば、空き家問題に対応するため、高齢者が地域の空き家を買い取ってリノベーションし、民泊事業を始めれば、それ自体はワークでありながら、空き家問題の解決や観光の振興というコミュニティへの貢献にもなるのです。

子育て世帯の女性についても、専業主婦かフルタイム勤務かの二者択一ではなく、職住近接型かつ勤務時間に縛られない柔軟な働き方を志向する方が増えています。そのような女性たちが、特技やスキルを活かして子育てサロンの経営やオンラインショップでのアクセサリー販売などのビジネスを始めれば、それは同時に、地域の産業振興や都市イメージの向上など、地域課題にもプラスの効果を生みます。

このように、柔軟かつ地域密着型の働き方をする女性は、仕事以外の時間を地域活動にも充ててくださることが多く、直接的にも地域の担い手となっています。また、活動を行うにあたり、仲間同士で子育てシェアをしたり、子育てイベントを企画してくださったり、子育てにも良い影響をもたらしています。

Bed「Town」からDiver「City」へ

このように、生駒市では、単に寝るために帰る街ではなく、ワークかライフかの二項対立でもなく、閑静で自然豊かな住宅街でありながら、地域で支え合いながらの子育てや介護ができ、同時に、職住近接の仕事やまちづくりにも時間を使うことのできる多様性を持ったまちづくりを目指しています。

ワークかライフかの二項対立（バランス）ではなく、地域に関わることがライフにもプラスとなり、ワークにもつながるとか、逆に地元で仕事をしたら地域の活性化にもつながるとか、ワークとライフとコミュニティの境目があいまいになって融合する、

ワーク・ライフ・コミュニティの融合

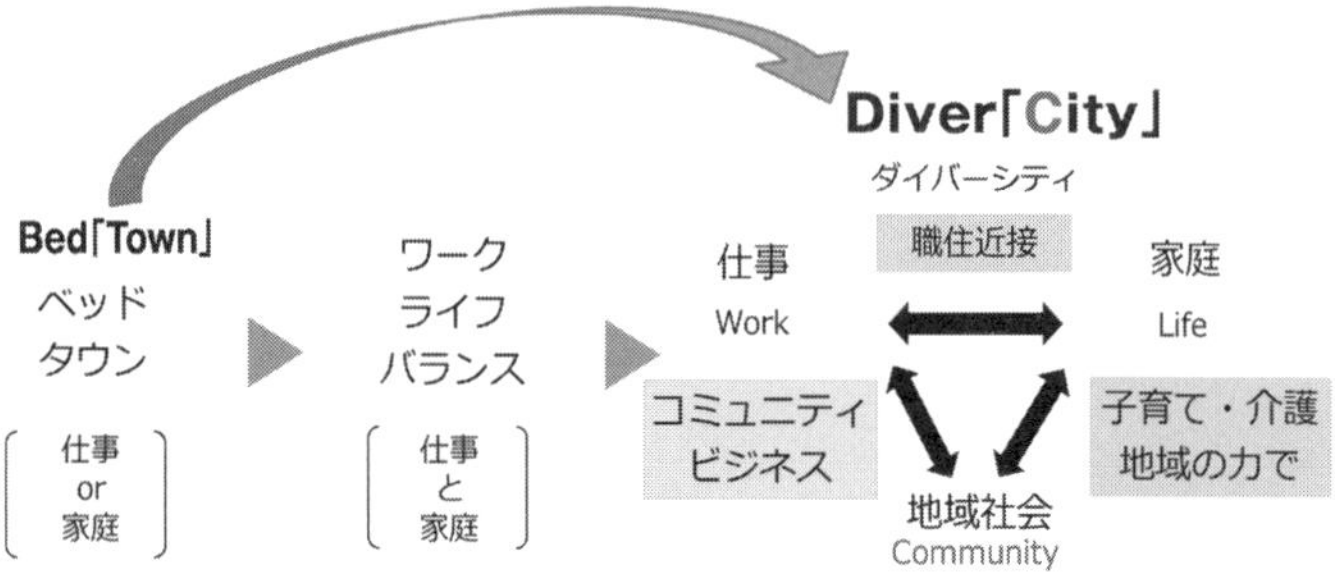

または、ハーモニーを奏でる街を目指していくべき時代が到来したのです。

これからの時代、兼業・副業が当たり前になり、ある組織に勤務しながら、他の仕事や地域活動、家庭のことをする半勤半Ｘが増えていきます。働き方改革が進めば生き方改革も進み、仕事の在り方だけでなく、毎日の生活や地域へのかかわりの形が大きく変わり、ひいては、「自治体３・０」への大きな追い風にもなるのです。

このような働き方、生き方、暮らし方の多様性を考える場合、これをまちづくり全体と絡めて、本来の単語であるＤｉｖｅｒ「ｓ」ｉｔｙならぬ、Ｄｉｖｅｒ「Ｃ」ｉｔｙというコンセプトがとても大切になります。

Ｂｅｄ「Ｔｏｗｎ」からＤｉｖｅｒ「Ｃｉｔｙ」

へ。

ワーク・ライフ・バランスから、ワーク・ライフ・コミュニティ・ハーモニーへ。

この二つが、すべての自治体、自治体職員が理解しておくべき、これからのまちづくりにとって不可欠なキーワードです。

6 行政の財政的・人的リソースが減少している！

「自治体3・0」に基づくまちづくりがこれから不可欠になる理由。その一つ目は、行政の財政的・人的なリソースの減少です。

今、日本は未曽有の人口減少、少子高齢化の時代を迎えています。人口減少・少子高齢化による悪影響は様々ありますが、自治体への影響として大きいものが、財政状況の悪化と、それに伴う人件費の削減などによるマンパワーの低下です。

自治体の財政は予想以上のスピードで厳しさを増す

総務省自治財政局のウェブサイトには、「地方財政の現状」として、「地方財政は、約１７００の地方公共団体の財政の総体であり、その多くは財政力の弱い市町村です。地方財政の財源不足は、地方税収等の落込みや減税等により平成６年度以降急激に拡大し、平成22年度には景気後退に伴う地方税や地方交付税の原資となる国税５税の落ち込みにより、過去最大の18・２兆円に達しました。令和２年度は、消費税率引上げに伴う地方消費税の増加等により地方税収入の増加が見込まれるものの、国税４税の法定率分が減少する中で、経費全般について徹底した節減合理化に努めましたが、社会保障関係費の増加が見込まれることなどにより、通常収支にかかる財源不足は４・４兆円となり、依然として大幅なものとなっています。」とあります。

（総務省自治財政局ウェブサイト）

https://www.soumu.go.jp/main_sosiki/c-zaisei/index.html

令和２年度末には地方財政の借入金残高が１８９兆円となり、対ＧＤＰ比で33・２％、平成元年度と比して２・86倍、１２３兆円の増となっています。また、財政力指数（地方公共団体の財政力を示す指数で、基準財政収入額を基準財政需要額で除して得た数値の過去３年間の平均値平成30年度決算ベース）も、全都道府県平均は０・52、全市町村の平均は０・51で、この10年間、財政的には厳しい状況が継続しています。

生駒市は、近年まで人口が増え続け、市民税・固定資産税なども増加してきたため、今でも県内トップレベルの財政力を誇り、全国的に見ても比較的財政状況が安定している自治体です。しかし、近年、人口が横ばいから減少となり、高齢化も進んでいるほか、住宅の経年劣化などもあり、市民税も固定資産税も逓減していくと考えられます。

ふくれあがる社会保障関係経費

一方で、高齢化等による社会保障関係経費の増加はすさまじく、市の持ち出し分だけで毎年2〜3億円増加していきます。10年経てば単純計算で今よりも約30億円の社会保障費の増加となり、一般財源規模が380億円前後の生駒市にとっては想像を絶するインパクトです。財政状況が比較的健全な生駒市でさえ、このままでは10年後には大変厳しい状況になることは明らかです。

したがって、各自治体は、さらなるコスト削減はもちろんのこと、行政以外のまちづくりの主体との効果的な連携を具体化すること、また、市民や事業者から税金以外のお金をいただき、まちづくりに充当する仕組みを今から作っておくことが不可欠なのです。
　具体的には、行政と事業者との連携による取組や市民のボランティア活動の支援はもちろんのこと、市民や事業者主体によるまちづくり会社の設立支援、クラウドファンディングなどを活用して市政や市民活動を資金面でご支援いただくための努力が、すべての自治体で必要となっていきます。

減り続ける職員数

　地方公共団体の職員数は、平成6年度の328万2492人をピークに、平成31年度には274万6553人まで減少しています。生駒市でも、平成17年度に1004人いた職員数は、退職者と入職者数による調整、窓口業務の委託、幼稚園・保育園や給食センターなどの臨時職員の採用、勧奨退職制度などの取組で、令和元年度には824人へと約18％減少しました。

（総務省ウェブサイト「地方公務員数の状況」）
https://www.soumu.go.jp/iken/kazu.html

職員数の削減に加え、現在「働き方改革」が全国的に進められており、一人の職員が業務に従事できる労働時間も減少傾向にあります。

生駒市では「働き方改革」が声高に叫ばれる前から残業削減を進めており、様々な取組を講じた結果、平成22年度に9万3503時間だった総残業時間は、平成30年度には6万8673時間へと約26％削減。人件費は、平成20年度の81・2億円から71・7億円と約12％減少しています。

（生駒市第4次定員適正化計画ほか）

https://www.city.ikoma.lg.jp/cmsfiles/contents/0000000/411/0204.pdf

生駒市では、職員採用改革を積極的に進めて優秀な職員を確保し、業務効率化を図って、限られた業務時間で最大の成果を挙げる取組を進めていることから、人件費の削減がそのままマンパワー低下につながるわけではありません。しかし、職員数が減少し、職員一人当たりの業務時間も減っていく中で、自治体としてのまちづくりのパワーを落とさず、多様化・専門化していく市民ニーズに対応するには、今までの延長線上の改善だけでは不可能であり、抜本的な考え方の見直しが必要です。

例えば、ＡＩやＩＣＴを活用した新しい手法による業務効率化、採用手法の抜本的な改革による官民トップ人材の採用による政策企画・執行力の大幅な向上などは、当然やらなければなりません。同時に、行政が担うべき事務事業をゼロベースで見直し、市民との議論を重ねながら、廃止や見直しを進めていくことも必要です。

一方で、行政内部の合理化・効率化だけではなく、市役所の外にも目を向ける必要があります。専業主婦、退職者、学生、事業者、ＮＰＯ、大学や学生、現役世代など、まちづくりの担い手はかつてないほど多岐にわたり、専門性も増しています。地域にとって必要な取組であっても、行政で担うばかりでなく、これらの皆さんの力を借りない理由はありません。

財政的にも人的にも厳しい時代となり、今より状況が好転することはほぼ考えられません。したがって、行政だけでまちづくりの課題に応えるという考え方自体をあきらめ、いかに市民や事業者などの力を借りるかについて本気で知恵を絞る時代が到来しているのです。

7 市民ニーズの多様化・専門化と地方創生

発達障害、エネルギー、買い物弱者など、一昔前までは自治体の対応がほとんど求められなかった課題にも、近年、市民からのニーズが高まっています。

これらの大きな課題に加え、市町村では「音楽を聞ける機会を増やしてほしい」「落ち葉をなんとかして」「老人会の活動にもっと支援を」など、多岐にわたる要望が寄せられます。

複雑性や高度な専門性を有する課題から日常の細やかな課題まで。これらの課題すべてに行政だけで対応するよりも、専門性を有する事業者や大学関係者、現場で活動する市民団体や自治会などとの連携に活路を見出していく方が、明らかに合理的かつ効果的な時代になっているのです。

行政課題の複雑化・専門化

まず注意すべき点は、行政課題の複雑化と専門化です。

例えば、「買い物弱者」という課題について考えてみましょう。２０１５年に経済産業省がまとめた調査結果によると、買い物弱者の数は約７００万人と推計されており、地域現場における最大の課題の一つです。

買い物弱者の課題は、単に「買い物する場所が減っている」「高齢者の移動手段の確保が難しい」といった要素だけではなく、健康づくりや食育・栄養、高齢者の交通安全、地元密着型の農業振興、地域コミュニティの活性化による互助の視点など、複雑な要素が絡み合っています。

近年、大きな課題になっている「発達障害」については、平成16年に発達障害者支援法が成立するなど、一定の制度整備もされていますが、その後も医学的な知見の集積、障害に対する様々な考え方や対処方法の変化などが生じており、まさに発展途上で、全容解明されていない課題です。知見の集積が進めば進むほど、課題解決のためには高度で専門的な人材が必要となります。

また、一言で発達障害といっても、「大人の発達障害」「アスペルガー症候群」「学習障害」など、一人ひとり障がい特性が異なるうえ、年齢や性別、置かれている家庭や社会状況などによって必要な対応が異なる点も問題を難しくしています。

このように、買い物弱者・発達障害という課題を考えても、関係者が多岐にわたる複雑性と高度な専門性を抱えており、行政だけでは到底解決できない課題です。

したがって、今後は、市民や事業者、外部の専門家などに課題解決への協力をお願いすることが不可欠です。同時に、職員が自身の専門性を高めることはもちろん、関係者をコーディネートして課題解決へと繋げる力も必要となっていくのです。

行政課題の多様化

そもそも「市民自治」という言葉があるように、本来、まちづくりとは、市民自らが行うことが基本です。それぞれが行うよりもまとめてやった方が効率がよかったり、専門性が高くて個々の対応が難しかったり、といった課題についてのみ、例外的に税金を集め、公務員を雇って対応していたのです。

しかしながら、急速な社会の変化や市民ニーズの多様化により、行政に期待される課題が大きく増加・多様化してきました。

例えば、終戦後の日本の課題は「復興と経済成長」。行政課題は明確かつシンプルでしたが、その後、経済成長の負の側面である公害が大きな社会問題になったり、教育や男女共同参画など、行政課題の多様化が進みました。現在も、前述の「買い物弱者」「発達障害」などの新しい行政課題がどんどん出現しています。

これらの要望に行政だけで対応することは可能でしょうか。答えは「否」です。

前述したように、自治体を取り巻く財政状況が厳しくなり、職員数が減少していく中で、市民の多様化するニーズに行政だけですべて応えることは不可能だからです。

ではどうすればよいのでしょうか？　答えは一つです。

多様化するまちの課題のうち、行政でなければできない業務を整理し、それらについては他の自治体に負けない取組を進め、成果を市民にしっかり周知します。そのうえで、市民に対応いただきたい事業を整理し、市民が楽しみながら汗をかいていただける仕組みや場・機会を、行政が創っていくことが唯一無二の打開策なのです。

地方分権・地方創生の進展

政府が地方分権・地方創生の方針を打ち出したことは、戦後政治の大きなパラダイムシフトともいえる大きなインパクトがありました。すなわち、国に頼るのではなく、自治体が地域の課題を自らのリソースを活用し、責任を持って対応するという方針転換がなされたということです。

したがって今後は、市町村自らが新しい取組に挑戦する必要がありますが、新しい課題は自治体の組織内に専門家が少ないのが通常です。

だからこそ、自治体が国に頼ることなく地方創生を具体化するためには、すべてを自らの力だけで対応しようという発想ではなく、市民や事業者、大学などの専門家を巻き込み、チームとして課題に対応していく必要があるのです。

第2章

これが「自治体3.0」の取組だ！

1 高齢化をネガティブワードにしない！生駒市の介護予防の取組

生駒市の「自治体3・0」の取組の原点とも言えるのが高齢者福祉、とりわけ、介護予防・認知症予防の取組です。

生駒市の高齢化のスピードは全国のトップ5％に入るほどの速さで進行していますが、介護認定率は低下傾向にあり、介護コストも抑制されています。また、1700以上ある全国の市区町村の中で、男性の平均寿命は第9位（女性も県内39市町村中第2位）となるなど、健康と長寿のまちづくりが実現しています。

このようなまちづくりが実現できているのは、生駒市の市民力が創り、積み上げてきた介護予防・認知症予防の取組の成果にほかなりません。

本気でもう一度元気に戻す気概が好循環を生んだ

生駒市では、本格的なウエイトトレーニングなども導入し、高齢者の機能回復に取り組んでいます。高齢者の皆様にはまず、元気になったら何がしたいかを確認し、目標を定めてもらいます。

「もう一度孫とディズニーランドに行きたい」「大好きな農作業を毎日やりたい」という思いを持って、厳しい機能回復のトレーニングに取り組んでもらうのです。

生駒市の高齢者福祉の特徴は、要支援や要介護になった高齢者を「可能な限り健康に戻す」本気の取組を進めていることです。他の自治体の多くは、虚弱状態になった高齢者の状態が「それ以上悪くならないよう」「悪くなるスピードをゆっくりにしよう」という考え方で取組をしています。この違いが市民力を活かした高齢者福祉のまちづくりの上で重要なポイントとなります。

元気を回復する高齢者がいることだけでも大きな成果なのですが、生駒市では、このような高齢者に対して、「ボランティア活動に参加して、元気になった恩返しをしてもらえませんか」とお願いして、まちづくりの効果をさらに増幅しています。

元気を取り戻して自宅に戻った高齢者は、一人で家にいる時間が多く、運動や栄養が不十分で、また程なく要支援・要介護状態になるケースが少なからずあります。

そこで、元気になった高齢者に、介護予防の体操教室などにボランティアとして参加してもらうこととしたのです。定期的な外出による足腰の機能の維持・強化、ボランティア会場での会話や仲間づくりなどのコミュニケーション、他の方の役に立っているという自己有用感などにより、生駒市の高齢者は健康な状態を持続しています。

このようなボランティアは、虚弱状態の高齢者にも良い効果があります。若い職員がウエイトトレーニングのサポートをすると、「職員さんは若いからできるかもしれないけど、高齢者にウエイトトレーニングなんか無理」という方もおられます。

しかし、元気を取り戻した高齢者のボランティアから「私も最初は無理だと思っていたけど、3か月トレーニングを頑張ったら元気になったよ」との励ましをもらうと、先輩にあたる方からの言葉に、素直にトレーニングを始めていただけるのです。

日本一ボランティアが多い街

高齢者を本気で元気にし、ボランティア活動につなぐ取組を継続した結果、生駒市は「脳の若返り教室」のボランティア数が人口当たり全国一となるなど、多くのボランティアが活躍する街となりました。これだけボランティアの数が増えると、まちづくり全体でみても大きな効果が出てきます。

例えば、介護予防や認知症予防のための「いきいき100歳体操」や「脳の若返り教室」の開催に職員だけで対応する場合、市内にせいぜい数か所しか実施できません。職員数が限られているからです。これでは遠い会場まで行くのが困難な高齢者は参加できません。

しかし、ボランティアの多い生駒市では違うアプローチが可能です。「いきいき100歳体操」や「脳の若返り教室」をボランティアの皆さん中心に運営してもらえば、多数の拠点で開催できます。そうすれば、遠くまで行くのが無理だった高齢者も近くなら参加できるので、元気な高齢者がますます増えます。

元気になった高齢者を新しいボランティアとしてスカウトすれば、開催拠点をさらに増やすことが可能となり、より多くの高齢者が参加できます。

このような好循環が生まれ、生駒市では、「いきいき100歳体操」の拠点が約80か所、高齢者のサロンが約50か所できました。ボランティアの皆さんの力により、高齢者が気軽に集い、元気を維持・増進できる場所、仲間づくりのできる場所がたくさんできています。これが生駒市の健康長寿のまちづくりの基礎となっているのです。

もちろん、市の職員や地域包括支援センターの職員も定期的に会場を巡回し、困りごとを聞いたり、きめ細やかな支援をしています。職員の頑張りによる市民との信頼関係も、生駒市の官民協創による取組を支えています。

「高齢化」をネガティブワードにしない!

高齢者を単に「支援すべき対象」と考える発想だけではまちづくりは決して成り立ちません。元気な高齢者がたくさんいる現実を踏まえ、「高齢者は単に支援する存在ではなく、まちづくりの担い手にもなる」「高齢者が高齢者を支え、支える側に回る

高齢者のサロンは市民が運営。効果的な健康づくりと笑いあふれるプログラムを自分たちで考え、いつも大盛況。

ことで元気を維持できる仕組みを作る」「支える側、支えられる側の間にいる高齢者をなるべく減らす」などの発想で高齢者福祉に取り組んでいくことが、高齢化対策のカギとなるのです。

市民と力を合わせて「高齢化をネガティブワードにしない」まちづくりを進めたことにより、生駒市は厚生労働省がウェブサイトで「モデル的な自治体」として推奨していただける自治体となっています。

2

商店街の店主の想いが街を変える！「生駒駅前１００円商店街」

生駒市には市民主導によって始まった取組が多数ありますが、その元祖とも言えるものの一つが「生駒駅前１００円商店街」です。

生駒市には大阪で働く方も多く、市外消費率が全国的に見ても大変高いことから、市民による市内の店舗での消費を増やすことがまちづくりの課題です。

そんな生駒の街で、世代交代の波にさらされながらも活気ある商店街が残っているのは、１００円商店街をはじめとする商店街の皆様方の取組のおかげなのです。

駅前にデパートが出店するピンチをチャンスに変えた

生駒駅前商店街は、生駒山に位置する宝山寺の参拝者が多く訪ねる場所にあり、戦前から戦後にかけて大いに栄えた商店街です。しかし、郊外の大型店舗の誕生や宝山寺の参拝者の減少などを受けて客数を減らしていたことに加え、平成９年には、生駒駅前に百貨店が出店することとなり、商店街関係者の中には「これで生駒駅前商店街もお終いか」という声もあったそうです。

しかし、商店街の店主の中から「デパートができて多くの人が生駒駅にやってくるのだから、見方を変えればチャンスにもなる。デパートに客を取られるというマイナス思考でなく、北口のデパートにくるお客さんに南口の商店街まで足を延ばしてもらう努力をしよう」という声が上がり、様々な取組が始まったのです。

具体的には、商店街の皆さんが集まって清掃活動や花づくり運動をしたり、アーケードの整備、合同チラシの作成や寄席の実施、大学との連携事業などを積極的に進めてきました。しかし、一過性の効果はあっても持続的な集客にはなかなかつながらない苦しい時期が続いたのです。

そんな苦しい状況を打開したのが、関西初となる１００円商店街の取組でした。

１００円商店街とは、全国で初めて山形県新庄市で開催された商店街活性化の取組で、参加店舗が選りすぐりの１００円商品を店頭に陳列することで、お客様が自然と商店街を回遊し、店舗を知ってもらいながら消費を楽しんでもらう事業です。

いわば、商店街が丸ごと個性的な１００円ショップになったような取組です。商品を安く売るだけでなく、お店の中でお会計をするので、初めて来店のお客様も自然に店内に一度足を踏み入れます。一度足を踏み入れた店は再度来店する心理的ハードルが低くなるので、リピート効果もあるわけです。

この取組が成功し、大いににぎわいを生んでいることを知った生駒商工会議所副会頭（当時）で、商店街で文房具店を営む稲森文吉さんは、中心市街地活性化協議会にこの事業の開催を提案しました。新庄市から講師を招き、個店への指導などを通じて、関係者の理解と協力を得ていったのです。

そしてついに平成20年10月25日、関西で初めてとなる「生駒駅前１００円商店街」がスタートし、大成功のうちの幕を閉じました。その結果、生駒市の１００円商店街は1年に4回定期的に開催され、毎回大きな賑わいを生みながら令和２年１月には46回目を迎え、生駒市の風物詩としてすっかり定着しています。

１００円商店街から広がる街の活性化

１００円商店街が商店街の皆様の力で成功し、定着しつつあった平成23年、私は生駒市の副市長として着任し、稲森さんにご挨拶に伺いました。その際に、商店街の新しい取組のアイディアとしてお聞きしたのがまちなかバル（街バル）です。

まちなかバルとは、２００４年に北海道の函館市で開催されたのが発祥とされ、本州では兵庫県伊丹市で初開催された飲食店や街の活性化イベントです。参加者は主催者から飲食チケット（通常は5枚1セット）を購入し、イベント開催期間中に複数のイベント参加店をハシゴして飲み歩き・食べ歩きします。

一枚のチケットでそのお店のとっておきの一品とワンドリンクを楽しめること、普段は敷居が高そうなお店でもこの日は事前に定められた定額での提供であり、店に入りやすいことなどから、多くの参加者でにぎわいます。

百聞は一見に如かず――。私が生駒市のバスを手配し、稲森さんが関係者に声をかけ、実際に伊丹市のまちなかバルにみんなで参加したのです。

会場では音楽のイベントなどもあり、食事も飲み物もおいしく、盛り上がっていました。まちなかバルを堪能し、これは生駒でやっても大きな賑わいが生まれると確信した私たちは、帰りのバスで「できるだけ早いうちに生駒でもまちなかバルをやろう！」と大いに盛り上がったのです。

その結果、伊丹市のバルに参加してわずか半年後の2013年3月に、生駒市で記念すべき第1回目の「まちなかバル（いまこいバル）」が開催されました。多くの市民が集まり、今まで行ったことのない生駒の飲食店の暖簾をくぐってくれました。

私は商工会議所の担当者とともに、バル開催前に全店舗にご挨拶に行き、まちなかバルの意義を説明し、お客様がお得に感じるメニューの提供などをお願いしたのですが、多くのお店が趣旨に賛同し、大いに協力くださいました。2019年の秋には第9回目が開催されるなど、賑わいが継続しています。

商店街の取組はまだまだほかにもあります。

商店街のお店が講師となり、プロならではの専門的な知識や情報を無料で受講者（お客様）にお伝えして店のファンを増やす少人数制の「まちゼミ」、生駒駅前商店街にレッドカーペットを敷き、公募で選ばれた市民を市内の衣料品店がコーディネート

商店街丸ごと100円ショップ！　関西初の100円商店街は生駒から。短いアーケード商店街に人が溢れます。

してランウェイを歩いてもらうことにより、衣料品店の活性化を目指す「生駒セレクトファッションショー」などの取組が生まれています。

　これらの取組の結果、生駒市では、市民の消費行動の中に、都心部だけでなく、生駒市内で物を買ったり、食事に行ったりするという選択肢が追加され、後述する「いこま男会」などの取組につながっていくことになるのです。

3

主婦の癒しの場が女性のスキルを街につなぐ場へ！「いこママまるしぇ」

生駒駅北口の再開発事業の目玉の一つであり、生駒市の玄関口として多くの市民が楽しめる広場「ベルテラス生駒」。そのにぎわいを生み出すため、広場の在り方を議論するワークショップに参加していた生駒市民の佐村佐栄子さんらが中心となってスタートしたのが「いこママまるしぇ」です。

多様な役割を持つ「いこママまるしぇ」

このマルシェは、「子連れで気軽にいける居場所がほしい」「交流の場所を作りたい」「育児で忙しいママに癒しを」「可愛い雑貨をのんびり眺めてウキウキしてほしい」「生駒がもっと子育てを楽しめるまちにしたい」「ママの得意を発表する場をつくりたい」といった主催者の想いを形にした場所。

具体的には、毎回出店者を募り、スキルを持った女性が出店する各種のブースを中心に、お楽しみ抽選会、絵本の読み聞かせ、子ども服交換会、キッズスペースの設置、カメラマンによる撮影なども行い、毎回多くの参加者でにぎわいます。

２０１４年４月に広場がオープンした後、同年９月に第１回のマルシェが始まって以降、これまでに約70回開催され、多くの女性や子どもたちが集う、大切なまちづくりのアイコンになっています。

「いこママまるしぇ」が街にもたらしたもの

「いこママまるしぇ」が生駒のまちづくりに果たしている役割は多岐にわたります。

第一に、主催者の想いとして当初からあった、育児中の母親が子連れで気軽に訪ね、癒しを得ながら他のママと仲良くなる場づくりという役割です。単に子どもを遊ばせる場所というだけではなく、ママが女性として、一人の市民としても楽しめるという

ママが子ども連れで楽しみ、自らもブースが持てる「いこママまるしぇ」。女性の地域参加へのきっかけの場でもあります。

視点です。多くの人が集まりつながるネットワークの場としても機能しています。

次に、参加者として楽しむだけでなく、出店者側に立って、スキルや知見を生かした商品やサービスを発表・販売する場を提供するという役割です。スキルを持つのにそれを活かす場がない女性がマルシェをきっかけに一定の収入を得、活躍の場を広げています。また、マルシェの開催により、駅周辺の中心市街地が活性化し、周辺の店舗も含めた地域消費を促している点も重要です。

私が、このマルシェをすごいと思う理由は、街の活性化や女性の癒しの場であると同時に、お客さんとしてきた女性の中からブースへの出店者になれそうな人をスカウトし、出店者の中からマルシェの運営もできそうな人をスカウトしてプロデュースをまかせたり、と女性のまちづくりのステージを自然な形で引き揚げている「育成」の役割を果たしている点です。実際に、このマルシェをきっかけにして、小さな創業をスタートさせる人も出ており、自治体でもなかなかできていない「育成」のプロセスを、マルシェ自体のクオリティを保ちながら実現している点がすごいのです。

女性の活躍の多様化を後押し

典型的な住宅都市である生駒市は、女性の就業率が全国的に見ても低い、専業主婦の多い街です。ただし、専業主婦の女性の中には豊富なビジネス経験だったり、ＩＣＴやデザイン、モノづくりや食品・栄養などに関するスキルを持つ方も多く、それらの知見をまちづくりにどのように活かすかが大きな課題となっています。

また、生駒市によるアンケート結果では、理想の子どもの数が2・32人なのに対し、実際の子どもの数は1・34人と、約1人の差があります。この差を生んでいる最大の原因は、経済的な理由であり、教育熱心な家庭が多い生駒市では、子育てにかかる費用を考えると2人目、3人目の出産に踏み切れないという回答が多かったのです。

一方で、収入を増やすため、子どもを保育所に預けてフルタイムで働きに出ることに抵抗感のある方も多く、テレワークやフレックス、自宅近くでの仕事やコワーキングなど、多様な働き方を模索する女性も多くなっています。

これらを背景に、女性のスキルをマルシェという場で応援し、街を楽しみ、人とつながりながら、一定の収入確保や創業支援にまでつなげる「いこママまるしぇ」は、少子化や女性の活躍など、生駒の課題に対応した貴重なまちづくりの取組なのです。

進化する「いこママまるしぇ」

この「いこママまるしぇ」はさらなる進化・発展を遂げています。主催者の佐村さんはその後、クラウドファンディングに挑戦し、「グッドネイバーズ」というシェアキッチンスペースをオープンしました。

子連れの女性がランチを食べながら交流する場にもなっているほか、夜や週末は男性も含めいろいろな市民が集まり、たわいもない雑談からまちづくりのまじめな議論までできるコミュニティスペースとなっています。また、食や栄養に関するスキルを持つ女性がこのキッチンを利用して週替わりでランチを提供することも検討しています。

この場をオープンするため、佐村さんは１５０万円を目標とするクラウドファンディングを成功させていますが、これは、５年間、70回近いマルシェを継続・発展させ、多くの市民の力になってきた佐村さんへの信頼の証にほかなりません。

このほか、「いこママまるしぇ」の番外編として、スターバックスとのコラボイベントや、子どもたちが自分で作った作品を販売する「いこキッズまるしぇ」、生駒のパパたちが出店する「いこパパまるしぇ」なども開催しています。その結果、生駒のパパたちが集まるサロンや、子どもたちが得意なことを活かして生きる力に変えるプログラムの検討などにつながっています。「いこママまるしぇ」の取組はママだけではなく、生駒市民全員に大きな機会を与えてくれているのです。

4
プラレールをみんなでつなぐと街のいろいろな課題が解決した！

「いこま育児ネット」は、子育て中の母親などが助け合うための場づくりを進める団体で、2001年から生駒市で活動しています。

「いこま育児ネット」の石川千明さんが、市の駅前広場活性化のワークショップに参加し、その議論を踏まえて2014年から始めたのが「つなげてあそぼうプラレールひろば」です。春と秋を中心に5年間で80回以上実施され、約8000組の家族が参加（2018年8月：累計）し、生駒市の風物詩とも言えるイベントになっています。

生駒市は、環境モデル都市やSDGs未来都市に認定されている自治体であり、プラスチック廃棄物の問題が大きく取り上げられる前から市内全スーパーでのレジ袋有料化を実施するなど、市民の環境問題に対する意識も高い街です。

「つなげてあそぼうプラレールひろば」は、環境問題を切り口にして、様々なまちづくりの課題に広く対応している、生駒市らしい取組です。

賑わいづくりと環境保全と子育てが一つになった！

この取組は、子どもが大きくなって家で遊ばなくなってしまったプラスチック製のレールを集めて再利用し、駅前広場を舞台に、大規模な線路をみんなで作り上げ、お気に入りの電車・機関車を持ち寄って走らせる手作りイベントです。

（いこま育児ネットｗｅｂ）https://ikujinet.jimdo.com/

このイベントは以下に述べるような多様な課題に効果があります。

（1）子育て支援の場づくり

家では不可能な、大きく長い線路を走る電車に子どもたちは大興奮！　会場には関西各地から毎回１５０組を超える親子が集うほどの大人気です。

（2）環境保全を学び、実践する場

イベントに使われるおもちゃはすべてリユース品であり、衣装ケースに約12箱以上、日本各地から寄贈されています。このイベントの開催自体が環境保全につながると同時に、子どもも大人もおもちゃのリユースやごみ減量化について考え、「もったいない」の精神を学ぶ場でもあります。

（3）街のにぎわいを生み出す場

約150組の参加がある集客力の高いイベントであることから、周辺の店舗への波及効果を有し、賑わいのあるまちづくりに貢献しています。

（4）父親の育児が自然と進む場

子どもを連れて父親が多く参加するのも特徴です。父親たちは小さい頃プラレールで遊んだことのある人も多く、懐かしさもあって、自分たちもプラレールを楽しみながら自然な形で育児を楽しんでいます。単なる普及啓発事業を繰り返すよりも、父親の育児を促進する効果が高い事業です。

（5）多様な世代が集まり、成長しあう場

運営スタッフとして地域の大人、大学生ボランティア、子どもスタッフ（小中高校生）などが積極的に参加しており、主婦や退職者、学生の社会貢献の場として貴重な場となっています。また、子どもたち同士の「ナナメの関係」から世代を超えた交流まで、互いにサポートしあって自己肯定感を高める教育的側面を持っています。

（6）他の市民活動の参加を促進する場

多くの子どもやその保護者が集まる場所なので、建築家の皆さんによる建築廃材を利用した「木育のひろば」、壊れたおもちゃを修理する「おもちゃ病院」などが同時開催されているほか、農作物の即売会や市による卒煙サポートの普及啓発、食品ロスを減らすためのフードドライブなど、連携するイベントも充実してきました。

このような集客力が高く評価され、プラレールひろばは、市内の様々なイベントに引っ張りだこ。駅前広場を飛び出して、市内各地に出張、他市への備品の貸し出しも行うなど、まちづくりに欠かせないコンテンツとして市内外で大活躍しています。

楽しいイベントや場所は自分たちで創れる！

生駒市は市民満足度の高い街ですが、若い世代や子育て世代から「地元で遊べる場所がもっとほしい」との声が多く寄せられていました。しかし、大きなテーマパークを生駒市に誘致するのは容易なことではありません。市もいろんなイベントを企画していますが、行政の力だけでは、質量ともに限界があります。

そんなことを思案していたある日、私自身が、流しそうめんのイベントを行うこととなりました。一人ではとても準備・運営できず、いろんな方のご協力を得てようやく実現したのですが、そうめんを食べに来てくださる多くの市民の笑顔を見て、「楽しいイベントは自分で創れること」「与えられるだけのイベントよりも、自分たちで創るイベントの方が主催者も参加者も楽しいこと」を学びました。

これをふまえ、市民による市民のためのイベントを増やすため、生駒市がPRや保険などによって支援する「イコマニア」という制度を立ち上げました。その結果、プラレールひろばをはじめとし、600以上のイベントが実現しています。

プラレール広場はいつも家族連れで大盛況。おもちゃのリユース、父親の育児促進、街の賑わいを生んでいます。

まちの賑わいや楽しいイベントを自分たちでプロデュースできることを学び、実際に行動に移すことができれば、主体性をもって人生を歩むことができます。プラレールひろばの成功が、そのことを教えてくれたのです。

5

赤ちゃん連れでコンサートを楽しめる街！「市民みんなで創る音楽祭」

生駒市は、音楽に対する市民のニーズが強く、市や指定管理者が音楽コンサートを積極的に開催してきました。市民からは一定の評価をいただいていますが、同時に、コンサート内容に対する多様なリクエストもいただいています。

しかしながら、市や指定管理者だけで、これらのリクエストにすべて応えることは困難です。そこで、生駒市では、行政ではなく市民が、演奏者の手配から演奏プログラムの構成、広報による集客などまでプロデュースする「市民みんなで創る音楽祭」を２０１６年からスタートしました。

「市民みんなで創る音楽祭」が始まった理由

生駒市は、２０１９年に市内小中学校がそれぞれ吹奏楽コンクールで全国大会金賞を受賞するなど、文化芸術活動に対する市民の意識・関心が高い街です。逆に言えば、市民が文化芸術活動に求める水準も高く、また多様であるとも言えます。

実際に、市によるコンサートに対して、「クラシックだけでなくジャズも聞きたい」「子ども連れで聴けるコンサートはできないか」など多様なリクエストもいただいてきました。しかし、行政だけでこれら多様なニーズに応えきることは不可能です。それならば、生駒市らしく、コンサートのプロデュースも市民にやってもらえば一石二鳥なのでは、との想いの下に「市民みんなで創る音楽祭」がスタートしたのです。

初年度は「企画提案してくれる市民はいるだろうか？」と心配していました。しかし、ふたを開ければ、予想以上に多くの提案をいただき、しかもその内容は質が高く多様性に富んだものでした。実際、コンサートに足を運ぶ聴衆の数も大きく増え、満足度もこれまでのコンサートよりも高くなっています。

みんなで創れば、音楽祭は多様に進化した！

コンサートの実施に市民力を取り入れた結果、大きな変化が生じました。それは、以下の三つの多様化です。

（1）音楽のジャンルが多様化

どうしても行政が主催するコンサートはクラシックが中心になりがちですが、いろいろな市民にプロデュースしていただいた結果、クラシックはもちろん、ジャズや和太鼓、各国の民族音楽、そしてそれらのコラボレーションなど、音楽のジャンルが大きく広がりました。楽器演奏だけでなく、「第九」の合唱や童謡の唱和など声楽のコンサートや、劇などの舞台パフォーマンスと音楽のコラボなども人気を博しています。

（2）聴衆の世代や属性の多様化

これまでのコンサートは高齢者のお客様が多かったのですが、「みんなで創る音楽祭」では、託児完備のコンサート、演奏プログラムが子ども向けのコンサートもあり、子育て世代の参加が大きく増えました。子どもが少々泣いたり騒いだり、走ったりしてもＯＫのコンサートも増え、「子育て世代でもコンサートを楽しめる街・いこま」が定着し、近隣自治体からも多くの子育て世代が音楽を楽しみにやってきます。

もちろん厳粛な雰囲気の中で楽しむコンサートもあり、多様な受け皿が用意されています。

(3) 演奏家も多様化

演奏家も多様性が増しています。

日本を代表するようなプロの演奏家から人気のアマチュアバンドまで。時にはプロの演奏家と生駒市の小中学校の吹奏楽部などとのコラボも見ることができます。

国籍も多様化しており、ロシアや韓国をはじめ、様々な国の演奏家が素晴らしい演奏を披露してくださるグローバルなコンサートもあれば、生駒市出身や生駒市在住の演奏家が出演するコンサートもあります。多様な演奏家のパフォーマンスを、生駒に居ながらにして楽しめる贅沢な音楽祭なのです。

市民プロデュースの音楽祭がまちづくりにもたらしたもの

市民による音楽祭はまちづくりにも良い流れを生んでいます。

コンサートをプロデュースした皆様の多くが、次の年も継続・発展した形でコンサートを企画・提案してくれています。また、この音楽祭でコンサートをプロデュースした結果、音楽以外の市民活動にも積極的に参加したり、生駒の街に愛着がわいて「ずっと生駒に住みたい」と言ってくださる方も増えました。

自分がプロデュースしたコンサートがある街に住み続けたいのは自然なことです。「単に与えられる街」よりも「自分がやりたいことを実現できる街」の方が、市民は定住してくれるのです。

これは演奏家にも同じことが言えます。生駒市在住の演奏家は少なくないのですが、「今まで生駒市で演奏するという機会がなかったし、そういうことを考えたこともなかった」という方が多かったのが実情です。しかし、この音楽祭で演奏したことを契機に「生駒市民にもっと自分の音楽を聴いてもらいたい」と言って、市役所のロビー

「市民みんなで創る音楽祭」子どもたちが走っても泣いてもオッケーのコンサートもあり、いろんな世代、いろんなジャンルのコンサートが楽しめる、市民プロデュースの音楽祭です。

や図書館のスペースなどで市民向けのミニコンサートを開催してくださる演奏家や、音楽にとどまらず、空き家や子育てなど、他のまちづくりの課題にも関心を持ち、協力してくださる演奏家も出てきました。

「市民みんなで創る音楽祭」を始めたことにより、単にコンサートの内容がより良くなっただけではなく、この音楽祭を契機にして、まちづくりに参加したり、街に愛着を持ってくださる方が増えているのが何よりもうれしいことです。

6

男だって負けてない！　地元での飲み会から広がるまちづくり「いこま男会」

「いこま男会」の活動は、言ってしまえば単なる飲み会です。

しかし、現役世代、特に会社勤めの皆さんは、職場周辺の居酒屋で会社の同僚と飲むことはあっても、地元の友達と地元のお店で飲む機会がある人は少数派でしょう。

生駒市では、最近、元気に活動する生駒の女性や高齢者のパワーに負けずに「現役世代の男たちも頑張ろう！」という想いから、現役世代の男性限定の飲み会「いこま男会」が始まり、月に1回程度のペースで集まっています。

地元に飲み友達のいる会社員はほとんどいない

生駒市では昨年、会社員の皆さんを中心に、地元で飲み会を開いて、いろいろな話で盛り上がりながら、地域経済に貢献しようという集まり「いこま男会」が始まりました。

会の発起人である坪井秀樹さんも、生駒に住み、大阪で働く会社員です。「いこま男会」ができる前は、平日は大阪で働き、週末はアウトドアを楽しむライフスタイルで、市内に飲み友達がいないのはもちろん、生駒を楽しむこともなかったそうです。

そんな坪井さんがまちづくりの活動を始めたきっかけは、奥様が市内の友人とつながり、楽しみながら様々な活動をしておられたこと。坪井さん自身も市内でまちづくりの活動を楽しむ人たちとつながり、生駒市への興味や愛着、誇りを持つようになりました。

そして、市内在住の会社員たちがつながって楽しみたいという想いから、知り合いに声をかけ、２０１９年１月に第１回となる「いこま男会」をスタートさせたのです。

第１回目の参加者は10人でしたが、その後も新規参加者を迎え、多様性を増しながら継続・発展しています。同年12月の第8回の集まりでは25人が集まり、これまでの延べ参加者は123人に上っています。飲み会を重ねるうちに、街に対する思いや具体的に取り組みたいことなどを表明する参加者が自然と出てきて、緩いつながりから始まった飲み会が、まちづくりを考える場・機会へと進化しています。

いこま○○勉強会

「いこま男会」が、人のつながりを最優先した活動をしている集まりだとすれば、「いこま○○（まるまる）勉強会」は、もう少し堅い真面目なアプローチで始まりました。ターゲットの中心が会社員層である点は同じなのですが、こちらは、会社員などが、それぞれの仕事で得た専門的知見をお互いに学ぼうという趣旨です。

生駒市には様々な職種で働く方がお住まいなのですが、その知見の交換やお互いのつながりがほとんどなく、もったいない状態でした。そこで、私から声掛けをし、会社勤めの方たちが平日夜に集まり、自分の知見を話したり、知り合いの専門家を呼んでプレゼンしてもらう機会を設けたのです。

最初は会社員層が中心でしたが、自営業者や市民団体など多様なメンバーが集まる会となり、テーマもプレイスメイキング、Ｖｔｕｂｅｒやだ？Ｙｏｕｔｕｂｅｒ、ロボット産業、外国人人材、地域包括ケアシステム、ブロックチェーンなど、多岐にわたる充実した内容です。勉強会の後は懇親会を行い、地域経済の発展にも貢献しています。

働く市民こそ、ワーク・ライフ・コミュニティーのハーモニーを意識しよう

平日の昼間に仕事をしている世代は、仕事が忙しく、子育てや介護も大変で、ワーク・ライフ・バランスだけで毎日が精いっぱいな人も多いでしょう。しかし、そんな忙しい毎日の中に、少しだけでも地域活動の時間を確保することで、ワークやライフに良い効果が生じることも少なくありません。これが、第1章で述べた「ワーク・ライフ・コミュニティ」のハーモニーです。

本項で紹介した集まりや勉強会から、仕事で役に立つような知見を得る方も多く、実際に仕事で連携が始まったケースも生まれています。私も市政の参考になるような学びを毎回いただいています。また、介護に苦労していた参加者が看護職の方と勉強

「いこま男会」は、大阪で働く会社員を中心とした新しい集まり。今まであまりまちづくりに積極的でなかった現役世代を街に引き込む最高の機会です。

会でつながり、いろいろと相談した結果を介護に活かしている例もあります。

本項で紹介したような現役世代の集まりは、楽しく続けていくことがまずは大切ですが、その中から自然と出てきた地域活動の提案を、参加者が力を合わせて具体化できれば、地域のまちづくりは一つ上のステージに発展します。

女性や高齢者によるまちづくりの取組が進む一方で、都心部で働く会社員は平日の多くの時間を職場周辺で過ごし、飲食や買い物も職場の近くで済ませる人が多いことから、地域に対する関心が小さく、まちづくりの活動のプレイヤーとしてはあまり期待されていなかったのが実情です。

私もランチ会や地域のサロンなどで、高齢者や子育て層の女性などの声は聞く機会が多いのですが、昼間に就労している皆さん、特に男性で会社勤めの方々の声を聞く機会は限られていました。しかし、この層が仕事を通じて得ている知見はまちづくりにとって大変貴重です。

仕事で忙しい市民の皆さんに、コミュニティを少しだけ意識してもらうための努力も行政の大切な仕事であり、職員も一人の市民としてまちづくりに参加しながら、会社勤めの方から学び、声を拾いながら、市政に活かしたり、まちづくりを具体化することが必要です。

自治体職員こそ、このような場づくりを企画し、現役世代を街に引きこんでほしいのです。

7

退職者が知見を活かして活躍できる街を創る「市民エネルギー生駒」

生駒市では、2017年7月に自治体電力会社として、「いこま市民パワー株式会社」を設立しました。この会社は、市民団体である「市民エネルギー生駒」から出資を得ており、このような官民連携による自治体電力の経営は全国で初めての事例です。

まちづくりに市民力を活かすうえで、近年は、ボランティア活動にとどまらず、ビジネス手法を用いてまちづくりを進める組織を立ち上げる事例も出てており、その代表事例が「市民エネルギー生駒」の取組です。

シニア世代がビジネスの知見をまちづくりに活かしている点でも重要な事例です。

一般社団法人「市民エネルギー生駒」は、会社を退職された方が中心となって立ち上げた団体で、市民から出資を募り、公的機関の屋根などを活用して太陽光発電を設置し、売電により得た利益を出資者に配当しています。

「市民エネルギー生駒」とは？

２０１１年、東日本大震災とそれに伴う福島第一原子力発電所の事故により、日本の電力事情が大きく変わったことから、生駒市でも再生可能エネルギー導入への気運が高まり、市民共同発電所設置の検討準備会が本格的に始まりました。

電力の固定価格買い取り制度や、太陽光発電施設を設置するためのファンドの先進事例など、様々な制度や事例が整ってきたことも大きなきっかけとなり、２０１３年10月に一般社団法人「市民エネルギー生駒」が設立されたのです。

「市民エネルギー生駒」の特色と活動の意義

「市民エネルギー生駒」によるこれまでの活動の経緯とその意義は以下のとおりです。

（1）エネルギー料金を地域内で循環させる！

電気やガスなどのエネルギー料金は当たり前のように市外に流出していますが、地域消費率の低い生駒市で、少しでも経済を市内循環させる視点からも、電力自由化の流れを活かした「市民エネルギー生駒」の新しい挑戦には大きな意義があります。

（2）シルバー人材の知見を本気で活かす！

「市民エネルギー生駒」のメンバーは、代表の楠正志さんをはじめ、大手電機メーカーを退職した方、電気関係や太陽光発電パネルの専門家などが在籍しています。現役時代に培った技術や知識を、退職後もまちづくりに活かしている好事例です。

彼らが運営・技術面でサポートした市民発電所は今も順調に稼働しており、エネルギーの地産地消に大きな貢献を果たしています。

（3）電力制度の改正をチャンスにし、資金の全額を市民からの出資で調達

「市民エネルギー生駒」の活動の特徴は、補助金等を頼りにしたものではなく、ビジネス手法を用い、市民出資による運営を貫いている点です。

政府が、２０１２年に再生可能エネルギーの固定価格買取り制度（ＦＩＴ）を開始したことを受け、市民エネルギー生駒は、太陽光パネルを公共施設に設置し、その売電による収益を出資者に配当として返すビジネスモデルを具体化しました。

「生駒市民共同発電所１号機」の設置に向けて出資者の募集が始まったのは２０１４年１月、必要な資金はおよそ１７００万円でした。初めての挑戦としては必要額も大きく、容易な挑戦ではありませんでしたが、メンバーが精力的に説明会を開催し、新聞記事で紹介されたこともあり、期限までに全額を集めることができたのです。「市民エネルギー生駒」では、その後も第４号機まで設置し、集めた出資金は総額で７９００万円。配当もしっかり行っており、順調に運営されています。

「市民エネルギー生駒」の出資募集に関し、私が感銘を受けたことが二点あります。

一つは出資額を２口20万円までに限定したこと。

通常は大口の寄付をいただく方がありがたく、事務作業も軽減します。それでも最大２口までの出資に限定した理由は、できるだけ多くの市民からの出資を募ることで、この活動やエネルギー問題をより多くの方に知ってもらい、省エネなどの行動につなげてもらいたいという思いからです。

もう一つは、出資者の約8割が生駒市民だったことです。「市民エネルギー生駒」の取組の前にも、全国のいくつかの地域で出資型の太陽光パネルの設置やFITを活用したプロジェクトはありましたが、出資者の多くは外部の方でした。しかし、「市民エネルギー生駒」は、地域に軸足を置いて丁寧に活動を進めた結果、趣旨を理解した市民が多く賛同し、出資してくださったのです。

まちづくりの本質を深く理解し、市民によるまちづくり活動への参加の機会を広く提供してくださる市民団体があることが生駒市の誇りです。

(4)収益をまちづくりや環境保全、子どもたちの成長のために還元

「市民エネルギー生駒」のメンバーは、活動から得られた収益から報酬を得ることなく、ボランティアでの活動を続けてくださっています。活動による得られた収益は出資者に配当したうえで、残りを子ども園の整備に寄付したり、小学生向けのソーラーカー工作教室や再生可能エネルギーに関する講演会を開催したりして、地域に還元しています。エネルギーを切り口として広くまちづくりに貢献しておられるのです。

「市民エネルギー生駒」は、シニア世代の活躍の場。現役時代の知見をまちづくりに活かし、収益も上げながら自立しています。「まちづくり会社」の先駆け。

このような取組が高く評価され、「市民エネルギー生駒」は、２０１６年に環境省グッドライフアワード環境大臣優秀賞、新エネ大賞の新エネルギー財団会長賞をダブル受賞しています。また、補助金に頼らない自立した経営、ビジネス手法を用いたまちづくり活動への貢献という意味では、第４章で紹介する「まちづくり会社」のモデルにもなりうる貴重な先進事例ともなっています。

8

生駒の女性たちが一から作り上げた交流型プログラム「いこまとりっぷ」

生駒市は観光振興に力を入れ始めていますが、今から観光先進都市と同じことをしていてもうまくいかないと考えています。

そこで生駒市が重視しているのが、「市民力を活かして企画・運営する」「ツアー内容は人に焦点を当てる」「生駒でしかできない特別な体験ができる」の三点です。

生駒の女性たちが企画・運営してくれた「いこまとりっぷ」は、これらの三要素を満たしつつ、大きな成功体験を作り、観光の振興に弾みをつけてくれています。

「いこまとりっぷ」とは？

「いこまとりっぷ」は、生駒で人と人がつながるお出かけツアーです。このツアーには、普通のツアーとはちょっと違うポイントが三つあります。

（いこまとりっぷウェブサイト）https://ikomatrip.com/

（１）市民による街のＰＲチーム「いこまち宣伝部」が企画・案内

生駒市には、「いこまち宣伝部」というチームがあります（第3章でも触れます）。生駒をより多様な視点で発信できるよう、市民が自分のお気に入りの店や人、活動を取材し、記事をまとめて市内外にＰＲしています。

このようにまちの魅力を知り尽くした、「いこまち宣伝部」の部員が、何度も打合せや交渉を重ねてツアーを企画し、自ら案内までしています。

（２）「ひと」に焦点を当てたプログラム

それぞれのツアーでは、そのプログラムに関係するお店の人や名所の関係者とゆっくり話せる時間をとっています。名所や旧跡を訪れる観光地ツアーも魅力的ではありますが、生駒は暮らしやすさで人気の住宅地。何気ない日常と人が最大の魅力です。訪問先の方はもちろん、参加者同士でも、いこまち宣伝部員とも、交流を通じてお互いを知り、地域の継続的なファンになってもらうことを目指しています。

（3）ツアーだけの特別な体験

地域のファンになってもらいリピーターを獲得するために、「量」より「質」を追求しました。観光業者が主導するツアーではないため、いこまち宣伝部員が市民目線で関係者と相談する中で、逆提案を受け、このツアーだけの特別な体験が全ツアーに盛り込まれていることも目玉の一つです。具体例を次に紹介します。

「いこまとりっぷ」ってこんなツアーです

（1）生駒に酔いしれるマリアージュ体感ツアー

生駒の名水と良質の国産米を用いた酒造りを続けて創業400年余の「上田酒造」

の谷本昌也さん、お客さまと本物のワインの出合いを真剣に丁寧にお手伝いする「谷口ワイン店」の谷口亜希子さんに会いに行くツアーです。

純米大吟醸の酒粕剥がし体験はツアーオリジナル。谷口ワイン店では、宣伝部員もいっしょにワインをあけ、近所のイタリアンのオードブルを食べながらカウンターでワインの話を聞きました。生駒のショコラティエが日本酒とワインを使ったチョコレートを作り、お土産として渡しました。

（2）聖天さんの贈り物　ノスタルジックな休日

「生駒の聖天さん」として知られる宝山寺の執事長・東條哲圓さんと、オーセンティックバー「Bar Charleston」を営む興津拓司さんに会いに行くツアー。

このツアーの特別な体験は、宝山寺の本堂、聖天堂など特別な時にしか公開されていない場所を、執事長の解説付きで案内してもらえること。

自然菜食のお店では参道の歴史を聞き、アクセサリー・パーツのお店も訪れました。「Bar Charleston」は定休日にお店をあけてもらい、カクテルショーを満喫。「生駒にこんな場所があったなんて！」と感激する声もありました。

（3）人気陶芸家と作る器でヒュッゲ（HYGGE）なひとときを

年に三度の個展は長蛇の列ができ、いつも完売する生駒在住の人気陶芸家、高島大樹さん。高島さんのお話を聞きながら、お皿とマグカップを創り、それらの食器を用いてティータイムを楽しむツアーです。

このツアーの特別な体験は、高島さんの代表作と言える輪花皿とマグカップを作ること。高島さんがこのツアーのために、型や道具まで揃えてくださいました。

また、1回きりのツアーではなく、後日、焼きあがった器で生駒のお菓子を楽しむ2回1セットのツアーとなっているのもポイントで、全国から多くのファンに応募され、約10倍の高倍率となりました。

「いこまとりっぷ」がまちづくりにもたらすもの

生駒市はこれまで、大阪のベッドタウンとして発展してきました。歳入の多くをサラリーマン世帯の市民税に頼り、日常的に街と関わる必要性が少ない人が多く住んでいることが特徴です。したがって今後は、市内の産業・観光振興と地域経済の循環を

「いこまとりっぷ」は、生駒の女性がプロデュースする「ひと」に焦点を当てた生駒らしい取組。観光振興にもつながっています。

進めながら、まちにコミットしてくださる人を増やしていくことが大きな課題です。

この二つの課題を解決するべく、生駒を楽しむ女性たちが、生駒らしい交流型の観光プログラムを企画・実行してくださったのが「いこまとりっぷ」です。

「いこまとりっぷ」が示唆してくれたことは二つあります。

まず、観光産業に従事する人だけで観光を考えるのではなく、観光と地域づくりを連動させ、より多角的に捉えることが重要であること。

いこまち宣伝部員が企画・運営した

ことにより、様々な地域資源が掛け合わさった交流型のツアーができ、「またあの人に会いに行こう」と思ってもらえるリピーターの獲得にもつながりました。

参加者のSNSでは「市民が考えたツアーなので知らなかった生駒を知ることができた」「ツアーで行った店に、後日また訪れました」等の感想が見られました。

もう一つは、宣伝部の人たちが「自分の街に人が来て、喜んでくれることがうれしい」「シビックプライドってこんなことだと思った」と言ってくださったこと。

このツアーが、来訪者の満足だけではなく、住民の誇りの醸成につながったのです。

最高に生駒らしい取組「いこまとりっぷ」。今後さらに発展していきます。

9 ワークショップから生まれた夜の図書館イベント「本棚のＷＡ」

生駒市は、図書館での本の貸出冊数が全国有数の多さであり、本の書評合戦「ビブリオバトル」の全国大会が市民と行政の協創によって毎年開催されるなど、本や図書館に関するイベントやプロジェクトが多いことも特徴です。

これからの図書館は単に本を貸し借りするだけの場ではなく、自然と人の集まる特性を活かした「知とコミュニティの拠点」を目指す必要があります。

生駒市では、図書館ワークショップを契機として、市民と行政の協創により、多くの新しい取組を実現しています。市民によるまちづくりを実現する中で、ワークショップの活用がいかに効果的であるかを示す貴重な事例となっています。

生駒市の「図書館とまちづくりワークショップ」

２０１６年の秋、生駒市では駅前図書室のオープンを控え、これからの図書館について考えるための「図書館とまちづくりワークショップ」を開催しました。

このワークショップには、高校生から70代まで幅広い市民が22人（男性は５人、女性は17人）参加してくださいました。ワークは３回行われ、単に市民のアイディアをいただくだけでなく、市民が自分の望む図書館や本の取組を自分たちの手で実現するという、生駒市らしいまちづくりの大きな一歩となった事例です。

ワークショップの第１回目は、参加者に対し、生駒市の本や図書館をめぐる現状を説明したうえで、慶應義塾大学文学部教授（図書館・情報学専攻）の糸賀雅児先生（当時）から、「まちづくりと図書館～つながる市民、つなげる図書館～」と題した講演をしていただきました。

講演では、全国の先進的な図書館の事例を基に、図書館の持つ意義がますます多様化し、重要性を増していること、また、図書館は公共施設の中でももっとも多く利用される施設であり、自然と人が集まる拠点にしやすいことなどの示唆がありました。

その後、第1回目のワークショップを行い、自己紹介、講演会の感想について意見交換、ワークショップで話しあいたいことをグループ内で各自発表しました。

第2回目は、3つの班に分かれてグループワークを行い、「生駒の魅力」「図書館で何ができるか」「利用者である市民（自分）は何ができるか」「具体的な提案」について、KJ法※を活用して意見交換を行いました。これにより、市民がワークを通じて、まちづくりを自分事と感じつつあるという手ごたえが出てきました。

そして、第3回目は、第2回目の議論を受け、3つのグループに分かれ、具体的な提案を作成・発表しました。

（生駒市「図書館とまちづくりワークショップ」の報告ウェブサイト）
https://www.city.ikoma.lg.jp/0000008068.html

※思いついたアイデアを紙に書き出して、整理していくことでアイデアをまとめあげていくこと。

ワークショップから生まれた図書館や本のプロジェクト

ワークショップの議論から生まれた、図書館や本を活かしたプロジェクトは、以下のとおりです。これらの提案は、今、生駒市でどんどん具体化しています。

（1）お茶会@北分館×茶筌のふるさと

図書館ワークショップのAグループの提案内容を２０１７年８月に具体化した取組が「お茶会@北分館×茶筌のふるさと」。実施主体は、Aグループのメンバーを基に結成された「高山茶筌の会Ｗｉ－Ｗｉ（わいわい）」です。

生駒市北部には茶筌《ちゃせん》で知られる高山地区があります。生駒が全国に誇る高山地区の茶筌を市民にもっと知ってもらい、図書館の本でさらに興味を深めてもらうとともに、日常生活の中で気軽に茶筌を使い、伝統ある茶筌の里をみんなで守っていこうという想いを込めた企画です。この取組は、お茶会の体験、図書館を利用した茶筌のふるさと「いこま」や竹、茶道についての調べ学習、茶筌の制作、里山や竹林の現地調査などを経て、最後は自分で創った茶筌を使い、自らお茶を点てます。当初はお茶席のお客さんだった参加者が、４回の活動を経て、自ら学び体験し、最後はおもてなしをする側に立つのがポイントです。

(２) 本棚のＷＡ

図書館ワークショップのＢグループの提案内容を２０１７年６月に具体化した取組が「本棚のＷＡ」。実施主体は、Ｂグループのメンバーを基に結成された「本棚サークル」のメンバーで、毎回多くの人が参加する人気イベントです。

「本棚のＷＡ」の〝ＷＡ〟は、驚きの〝わ！〟〝輪〟〝和〟〝話〟。生駒にゆかりのある人をゲストにお招きし、ゲストからのトーク、関連する本の紹介をしてもらいながら、特別なパフォーマンスも体験できます。

例えば、第1回目は民間企業の副業制度を活用して地ビール製造を行っている市橋健さんを招き、地ビールや副業制度の話を聞きながら、夜の図書館で地ビールをいただきました。

第2回目は、市内在住のバイオリン奏者である齊藤清さんをお招きし、楽団員の一日の過ごし方や音楽の歴史などを聞きながら、素晴らしい演奏を楽しみました。

参加者が共通の関心分野を持つ他の参加者と語り合う機会でもあり、また、図書館に関心のなかった人たちが図書館に足を運ぶ貴重な機会にもなっています。

（3）朝活読得（よんどく）会など

図書館ワークショップのCグループの提案内容も踏まえ、市内の自治会によるワークショップの提案も組み合わせて、２０１９年８月から始まった取組が「朝活読得会」。実施主体は、生駒市の中地区自治連合会です。

同自治連合会中地区健康まちづくり協議会と図書館が、開館前の図書館を利用して、地域住民の健康のサポートなどを目指す活動で、毎週木曜日の朝、図書館に集まり、ラジオ体操、呼吸法や歌、朗読などを行っています。

この他、図書館ワークショップでCグループから提案のあったブックカフェや青空読書会のほか、図書館が地域の自治会などに本をまとめて貸し出し、身近な場所で本を借りることのできる「まちかど図書室」などの取組も進んでいます。

図書館ワークショップから生まれた取組は市民が中心となって運営しています。素敵な市民をゲストに迎え、街の魅力を再発見する手作りの取組です。

図書館ワークショップがもたらしたもの

このような一連の取組がまちづくりに果たす役割は多岐にわたります。

まず、ワークショップの有効性が証明されたこと。ワークショップで出された提案を市民グループが中心となって三つも事業化し、現在も継続中です。

次に、図書館が地域活動の拠点となることが明確になったこと。市民が図書館で健康づくり体操をしたり、地域の賑わいづくりイベントを開催したり、歴史や文化について学んだり、と図書館に行けば何かがある、という状況ができつつあります。

最後に、図書館や本を活用すれば、楽しい企画やイベントは自分たちで創れることを市民が理解してくださったこと。特に「本棚のＷＡ」は人気が高く、すでに8回を数え、生駒市民の新たなコミュニティの場として発展、定着しつつあります。市内の他の図書館にも広がりを見せています。

このように、ワークショップをうまく活用すれば、市民は自分たちの力で驚くようなまちづくりの成果を出してくれます。図書館や本に限らず、課題ごとのワークショップを定期的に開催し、関係する自治体職員はもちろん、まちづくりにアイディアをくださり、担い手にもなる市民や事業者を巻き込みながら、まちづくりの提案を具体化していくことが、「自治体3・0」の実現にもっとも効果的なのです。

第3章

「自治体3.0」を実現するため、行政がやるべきこと

1 まちづくりの市民力とは「地域への愛・誇り＋行動」だ！

「市民に汗をかいてくれ、なんて言えない」

「素晴らしいと思うけれどもうちの街じゃ無理。生駒市だからできるんじゃないの？」

私が、「自治体3・0」の概念や第2章のような市民主導の取組の話をすると、他の自治体の関係者からは、こんな反応が返ってくることが少なくありません。

「自治体3・0」の取組は、生駒市のような一部の自治体だけにしかできないことなのでしょうか？　私は決してそうは思いません。全国どの地域でも実現可能です。

市民力とは地域への愛と行動力

１９７１年の市制施行後、生駒市では約50年間で人口が約３・２倍増加しました。いわゆる「新住民」と言われる子育て世代が市外から一気に転入したのです。

このような皆さんが生駒市発展の大きな力になってくれたことは間違いありませんが、大阪に仕事に行って夜遅く帰ってくるサラリーマン層は、地域への貢献はもちろん、地域への愛や誇りを持つことすら難しい状況だったのは想像に難くありません。生駒市に縁もゆかりもない市民も多い中、市民力を高めることはとても難しい課題だったはずです。

そんな生駒市でも、近年、市民力が高まり、「自治体３・０」を目指して、市民と行政が連携したまちづくりが進んでいるのは、市民が地域のことを知り、地域に関心と愛着を持って、それをまちづくりへの行動につなげているからです。

私は、「市民力＝地域への愛・誇り＋行動」だと定義しています。

「生駒のことが好き」「生駒は良い街だね」という想いが、まちづくりの行動につながって初めて「市民力」になります。逆に言えば、行政と市民が力を合わせてこのプロセスを丁寧に進めていけば、全国どの自治体でも市民力を高め、「自治体3・0」を実現することができるのです。

したがって、市民による地域への愛や誇りを高める場や機会を創ること、高まった地域愛をまちづくりへの行動につなげるための支援が、「自治体3・0」を目指す自治体の責務なのです。

地域への愛と誇りからすべては始まる

では、市民の地域への愛・誇りを育むため、自治体は何ができるのでしょうか。

市民の地域への愛や誇りを育むには、何よりもまず「知ってもらう」ことが大切です。地域の素敵な場所、お店、イベントや自治体の取組、そして素敵な人を市民に知ってもらうことです。

市民は、意外と住んでいる街のことを知りません。市外で仕事をしている人で友達が地元に何人もいるという人は少数派でしょうし、地域で過ごすことが多い人でも、意外と地元の名所に行ったことがなかったり、街の面白い人を知らなかったり、ということも珍しいことではありません。

人は「知らない」ことに対しては基本的には否定的な反応を示します。例えば、「ジェネリック医薬品を利用しますか、しませんか？」という問いに対し、ジェネリック医薬品をよく知らなければ、積極的に利用したいという人は増えません。「利用する」「利用しない」の間には「わからない・どちらでもない」という層が多く存在し、この層は基本的には現状を変えることに否定的だったり、慎重だったりします。

生駒市では、ジェネリック医薬品について知ってもらう取組や発信を増やした結果、「わからない」が大きく減り、結果として「利用したい」が大きく増加しました。行政の大きな仕事の一つは、市民の「わからない・どちらでもない」をできるだけ減らし、街に対する関心を持ってもらうことなのです。

観光名所や評判の良いお店に行っても、その場所の背景にある歴史やストーリー、関係している人などを知れば、感動は何倍も大きくなります。スタッフや他の客との会話、ガイドの説明などにより、ただ訪ねるよりも一層深い感動を得た経験をお持ちの方もいるでしょう。

したがって、市民に街のことを知ってもらうことから始め、自治体が地域の情報を整理し、まちづくりのストーリーを紡いで、市民に発信し続けることが重要なのです。

地域への愛と誇りをまちづくりへの行動につなげるためには

市民による地域への愛や誇りを高めることは市民力アップに不可欠な要素ですが、それだけでは街は具体的に変わっていきません。市民が抱いた地域への愛と誇りを、行政も支援して、まちづくりへの行動へとつなぎこむことが大切です。そのためには、まちづくりの活動をすでに行い、成果を上げている良き見本となる市民を紹介し、活動のイメージを具体化してもらうことが効果的です。

また、どんなに熱い思いを持った市民でも、一人でゼロから活動を始めるには大きな勇気が必要です。そこで、最初は行政職員が伴走したり、同じようなまちづくり課題や取組に関心がある市民同士をつなぎ、一緒に活動できるように導いたりする工夫も欠かせません。

市民がまちづくりの活動をスタートしてくださった後は、活動を継続・発展してもらうことも大切です。

一度まちづくりの活動を体験すれば、多くの方がその楽しさややりがいに気付きます。しかし、活動を進めていけば「活動をどう進化・改善していくのか？」「人間関係のトラブルへの対処」など、いろいろな課題や問題に直面するのもまた事実。

自治体が悩みの相談に乗ったり、支援してくれる他の市民や事業者を紹介するほか、広報で活動を取り上げたり、市長が活動にお邪魔したりして、課題を乗り越えて活動を継続・発展させ、自走していただくための支援が必要です。

市民のまちづくり活動に共感し、ともに汗をかく職員の採用・育成にも取り組み、まちづくりに挑戦する人を決して一人にさせない環境づくりをしていきましょう。

2

地域愛は「知る」ことから始まる

私が生駒市に来て驚いたのは、職員が、素晴らしい取組や市のアピールポイントを市内外に積極的に発信したがらないことでした。

例えば「生駒市の財政状況は近隣他市よりも健全な状況」とか「市民一人当たりの犯罪件数が少ない」という調査結果が出ても、それを積極的に市民に伝えません。全国的に見ても先進的な取組を始めるという時でさえ、遠慮がちな発信しかせず、メディアに取り上げられることも少なかったり、そのような取組を知らない市民が多かったり、と残念な思いをしたことは一度や二度ではありませんでした。

発信に消極的な自治体が多すぎる！

どんな街にも、まちづくりに熱心に取り組む市民や職員はたくさんいます。素敵な活動やイベントも少なくありません。しかし、それを自治体職員がしっかりと把握し、適切に発信しているかと言えば、残念ながら答えはＮＯです。

シティプロモーションに取り組む自治体が増えていますが、市外に向けてばかりプロモーションをしても意味がありません。順番を間違えているのです。

効果的なプロモーションを行うためにも、「自治体３・０」を進めるためにも、プロモーションは市外ではなく、まずは市民に対してしっかりと行うことが大切です。

職員が市民向けの発信に消極的であることの弊害は大きく二つあります。

一つは、せっかく素晴らしい取組をしているのに、それを市民が知らなければ、取り組みをしていないのと同じだからです。

素晴らしい施策を進めているのに、広報紙とウェブサイトに載せておしまい、という自治体はまだ多くあります。発信が不十分だったがゆえに「子育てが終わって時間ができた後にネットを見ていたら、素晴らしい子育て施策があったことを知りました」という笑えない話を時々耳にしますが、これでは予算や時間、マンパワーを無駄に使ったのと同じです。

もう一つは、しっかりと情報を発信しなければ、自治体による苦労や努力、他自治体やメディアからの評価などを市民に知っていただくことができないからです。

近年、生駒市の消防職員がＳＮＳで日頃の訓練の様子などを発信しはじめた結果、その頑張りを知った市民の間で、「自分たちも自主防災活動への参加や防災・避難グッズの準備など、自分たちでできる『自助』に取り組まないといけない」という意識が高まっています。「市も頑張っているから、私たちもできることは自分でやろう」という雰囲気がある地域とない地域では、まちづくりの成果に大きな差が出るのです。

「私たちは税金で給料をもらっているから、自治体の取組を市民にＰＲするなんておこがましい」などという行政の考えは、おくゆかしさでもなんでもなく、まちづくりにとってはマイナスでしかありません。職員もこれまで以上に本業や地域活動に取り組み、市民以上に汗を流したうえで、胸を張って市民に発信すれば良いのです。

生駒市の官民挙げたまちづくりの成果は、メディアの自治体ランキングで高い評価をいただいたり、霞が関の各省による表彰やモデル事業への認定などを数多くいただいたり、多くの他自治体の視察を受け入れたりしています。このような第三者からの評価を市民に伝えることで、市民の間にも市に対する信頼や誇りが生まれるのです。

ウェブサイトがすべての拠点

自治体や地域の情報を発信する際、基本となるのはやはり自治体のウェブサイトです。災害発生時はもちろん、子どもが生まれたり、介護の必要性が出たり、といった人生の大きな節目に、市民がまず情報を求めるのは自治体のウェブサイトでしょう。

ウェブサイトは、ＳＮＳなどと異なり、必要な時に必要な情報を見ることができる、詳細な経緯・解説や特集記事なども掲載可能、リンクをたどって関連情報が集められる、等の優位性を持ち、市の情報発信の拠点、まさにデータベースです。

しかし、このウェブサイトが十分役割を果たしていない自治体も少なくありません。生駒市のウェブサイトもまた発展途上です。

必要な情報がタイムリーにアップされていない、背景の開設や特集的な記事もない、関連情報にリンクしていない、整理が悪くてどこに必要な情報があるのかわからないなど、ウェブサイトには様々な不満や要請が市民から届きます。逆に言えば、これはウェブサイトに対する市民からのニーズや期待にほかなりません。

自治体は、このような問題点の改善に努め、市民が地域を知るための拠点としてウェブサイトをしっかり活用してもらえるよう努めなければなりません。

プッシュ型の発信を積極的に活用する

ウェブサイトが情報発信の拠点と述べましたが、一方で、ウェブサイトは何かきっかけがないとわざわざ見に来ないメディアでもあります。したがって、自治体は、知ってもらいたい情報を、広報紙やＳＮＳなどを活用して市民に積極的にプッシュし、ウェブサイトにつないだり、興味の入り口を広げていく必要があります。

プッシュ型のメディアとしてＳＮＳによる発信はますます重要性を増しています。若い世代への発信ツールとしての役割はもちろんですが、近年では高齢者でもＳＮＳを活用する人が増えており、世代を超えて有効なメディアになっています。プッシュ型の発信ができる利点に加え、ＳＮＳは広報紙のように月に１、２回という制限もなく、必要なタイミングで必要な情報を何度も送ることができること、市民同士の情報伝達がどんどん広がっていくことなどが大きな強みです。

日頃から市民に有益な情報を発信してフォロアーを増やしておくことで、災害時などには、より多くの方に情報提供が効果的に行えますし、ＳＮＳを経由して市民に読んでもらいたいウェブサイトの情報などにつなぐこともできます。ウェブサイトとＳＮＳとのシナジーを考慮し、市民が地域情報を効果的に入手する工夫が必要です。

広報紙もプッシュ型の媒体として引き続き有効です。月に一度、すべての世帯に定期的に配布される安定感に加え、地域の情報が満載で多様な市政やイベントの情報が入手できます。携帯電話やタブレットを持たない人にも届きます。生駒市では、常に発信方法やデザインを工夫し、特集記事に力を入れ、「ひと」に重点を置いた広報へと舵を切った結果、毎年全国トップクラスの評価をいただき、多くの市民が読んでくださる広報紙となりました。市民への情報発信が効果的に進み、市民の地域に対する理解やまちづくりへの参加・協力を得るための大きな力となっています。

新聞やテレビへの情報発信を工夫する

このほか、既存メディアの活用も有効です。新聞やテレビ、雑誌などの大手メディアの影響力はなお大きなものがあり、自治体の発信だけでは得られない大きな反響を生むことがあるからです。

生駒市では、私が市長になってから記者への月例会見を欠かさず行っています。もちろん必要な情報はその都度メディアに提供していますが、市長自ら説明し、質問に答える機会を定期的に持つことで、多くの記者に集まっていただき、取組やイベントの多くを記事にしていただいています。

行政関係のメディアはもちろん、ビジネスパーソンを対象としているメディアにも働きかけを強化し、生駒市の取組などを取り上げていただく機会が増えました。

その結果、生駒市の先進的な取組や前向きに挑戦する組織風土を高く評価いただいた民間企業などとの連携事業が始まったり、民間人材の採用がより活性化したりといった成果が出ています。もちろん、経済誌の記事を見た生駒市民から市政に対する好意的な反応を多数いただいていることも大きな成果です。

素敵な市民やその活動について、自治体からメディアに向けて積極的に発信した結果、市民に対する取材も増え、市民のモチベーションの増進、まちづくり活動の一層の発展にもつながっています。

このように、ウェブサイト、広報紙、ＳＮＳ、大手メディア等を組み合わせて、効果的な発信の努力を重ねることで、市民による地域への理解から愛や誇りが生まれ、自分も街のためにできることをやらなきゃ、という想いや行動を促進できます。

市民の地域愛や誇りが不十分だったり、まちづくりの活動が不十分だったりするのは、市民がその地域のことをよく知らないからであり、自治体がしっかり発信していないからです。

自治体の職員が街に飛び出し、面白い人・場所・コトを知ること、そして、そのような情報や市政の取組をメディアミックスによる効果的な手法で市民に紹介する、この地道な繰り返しこそが市民力を高めるためのもっとも効果的な方法なのです。

3 地域への愛や誇りを行動へとつなげる仕掛け

市民が街を知り、関心を持つことで、地域への愛や誇りを高めることは市民力アップに不可欠な要素です。しかし、それだけでは街は具体的に変わっていきません。愛や誇りをまちづくりの「行動」へとつなげていただくことが不可欠です。

私は、12万人の生駒市民全員が街のファンになって、まちづくり活動を行い、他の市民や市外の方に発信してくださることが地方創生の一つの完成形と考えています。

本当のシティプロモーションとは、多くの人が見る動画を創ることではなく、生駒を愛する市民が、行政にすべてを頼ることなく、まちづくりを「自分事」にするための一連の取組のことです。その結果、市民が街に住み続けたくなったり、市外の人がその様子を見て生駒に移り住みたくなったりする、この流れこそが大切なのです。

講演を聞くだけのセミナーじゃもったいない

広報紙やＳＮＳ、ウェブサイトからいろんな情報を得た市民には、街のイベントやセミナーなどに足を運ぶ人も出てきます。その時に大切なのは、市民を「受動ではなく能動」に持っていくための工夫です。

生駒市では、市民が街について学びながら、同時にまちづくりに一歩踏み出せる仕掛けを盛り込んだ取組を多数展開しています。

例えば第２章で紹介した「いこまち宣伝部」という取組は、公募で選ばれた市民が、専門家から写真の撮り方や文章の書き方、取材の方法などを学んだうえで、生駒の素敵な「こと・場所・人・モノ」を取材し、「まんてんいこま」という市の公式フェイスブックページを通じて、手触り感あふれる街の情報を市民や市外に伝える活動です。

市民は、１か月に２本の記事の作成を義務付けられているので、街の「素敵」を探すために奔走し、対象となる人や場所を丁寧に取材します。部員自身が街を知ることがそのままならづくりの活動となっているだけでなく、他の市民が街に関心を持っための情報発信にもなっているのが特徴であり、まさに一石三鳥の取組です。

ここでは一流のプロから写真の撮り方や文章の書き方を学ぶことができるほか、宣伝部員同士の交流も活発で、この活動を通じて市内の多くの仲間を見つけることもできるので、記事作成の厳しいタスクが課せられるにもかかわらず、毎回多くの応募があり、卒業した部員もまちづくりの担い手として活躍しています。

「IKOMAサマーセミナー」という取組では「市民が先生、市民が生徒」というキーワードの下、市民が他の市民の授業を聞いて街について学びつつ、逆に自らも得意分野の先生となることで、まちづくりの第一歩を踏み出すことができます。

このほか、どの自治体でも多くの講演会やセミナーが開催されていますが、セミナーに参加しても、単に講演を聞いて「良い話を聞いたなあ」「感動したなあ」でおしまいではあまり意味がありません。講演のテーマを基にして参加者によるワークも組み込んだり、講演を聞いた参加者がまちづくり活動につなげられるよう、関係するイベントを紹介するなどの工夫が重要なのです。

まちづくり活動のお手本を紹介する

市民の地域への愛や誇りを行動につなげるため、まちづくり活動をすでに行い、成果を上げている良き先例や見本となる市民を紹介し、活動のイメージを具体化してもらうことも効果的です。

生駒市では、市の公式ウェブサイトに「good cycle ikoma」という特設ページを設定し、生駒市で自分らしく楽しい毎日を過ごすために一歩を踏み出した人や、その人たちの活動・お店・住まいなどを紹介しています。自分らしい毎日を送るための第一歩がまちづくりにもつながることを示して、他の市民の皆様にも続いてもらいたいという想いが込められたサイトです。

また、家事・保育・農業・観光・賑わいづくり、女性のキャリア支援といったテーマごとに市内外のゲストをお迎えして、ゲストのトークと参加者によるワークを１セットにした「スタイリング・ウィーク」という取組を行い、先例を学び、自分事にするためのワークなども交えて具体的な一歩を踏み出す支援もしています。

シニア世代に対する働きかけとしては、「地域デビューガイダンス」という取組を実施しました。まちづくりの最大戦力とも言える退職者をまちづくりに導くためのきっかけの場であり、会社時代の「鎧」を脱いで地域活動にスムーズに入れるよう、会社と地域活動の違いや留意点・心得を伝授するセミナーや、各種のまちづくり活動に汗をかくシニアの皆様を紹介し、新しい参加希望者に「自分にもできるかも」と、活動を始めるきっかけを提供しています。

シニア人材は皆さんまだまだお元気で時間的な余裕もある方が多く、様々な健康づくり、仲間づくり、生きがいづくりの活動を行っています。これらの活動に加え、「まちづくり」の活動にもしっかり取り組んでいただくようお願いしています。

人生100年時代には、65歳から70歳くらいまでの時期に、今後の人生を再設計する機会が必要です。生駒市では、高齢者の皆様が元気なうちに、家や車などの処分方法、必要な生活費・医療費の計算、認知症などになった時の対応、利用可能な行政サービスの研究などをしていただく機会を設けています。

そのような機会を捉えて、シニア世代がどのようなまちづくり活動に興味があり、参加できるかについても考えてもらったり、ボランティア以外にも資産の一部を街に寄付したり、地域ビジネスに投資したり、自らも地域ビジネスに挑戦したり、といった多様な街への貢献方法について、具体例を含めてお示しする仕組みを設けています。

まちづくり活動の仲間を紹介する

どんなに熱い想いを持った市民でも、一人でゼロから活動を始めるには大きな勇気がいります。そこで、最初は行政職員が伴走・支援したり、同じようなまちづくり課題や取組に関心がある市民同士をつなぎ、一緒に活動できるように導いたりする細やかな支援も欠かせません。

例えば、創業を目指す女性の支援プロジェクトを通じて、参加者同士をつなげたことにより、合同でマルシェイベントが立ち上がりました。一人では難しいイベントでも、みんなで力を合わせれば実現するのです。

前述した「いこまち宣伝部」などの活動も、個々の部員に活躍いただくことはもちろんですが、メンバー同士のつながりを大切にし、卒業生も含めた連帯感を醸成することを強く意識しています。その結果、第２章で紹介した「いこまトリップ」のよう

「いこまち宣伝部」の皆様。熱心な活動に加え、卒業後もまちづくりに活躍中！

な新しい取組、より大きな挑戦をみんなで力を合わせて実現しています。

　現役世代のサラリーマンたちも、生駒で活躍する女性やシニア世代などの影響も受け、「地元でもっと友達をつくろう！」「地元にお金を落とそう！」という雰囲気が生まれつつあります。地元のお店での懇親会から始まり、それぞれのビジネスの知見を語ったり、関心のあるテーマの専門家をお招きしたりする勉強会も始まっています。

　そのような場での交流から、男性ならではのまちづくり活動ができないか、という話が自然と生まれ、「こんなこと考えてるんやけど…」「それめっちゃええやん」というような会話の流れでまちづくり活動を応援する動きが生まれつつあります。

自治体職員は地域のプロデューサーであれ

自治体職員自身は、面白い市民とまずは１００人仲良くなりましょう。

この人とこの人をつないだら面白そう、という組み合わせを見つけ、実際に引き合わせることで、新しい動きをプロデュースするのです。地域に飛び出し、化学反応をどんどん生み出していくのがこれからの自治体職員の大きな役割です。

このような努力を重ねていけば、行政が動かなくても、市民同士が勝手につながり、「この指とまれ」と誰かが声を上げると反応する人がたくさんいる街になります。

この状態が、「自治体３・０」のまちづくりの一つの理想形なのです。

4 ワークショップを最大限活用する

市民との協創を具体化するうえで重要性を増している行政手法が、ワークショップです。

ワークショップの目的はいくつか考えられますが、「自治体3・0」を実現するためには、単なる課題抽出やアイディア出し、ネットワークづくりや情報共有ではなく、アイディアを形にするための人材発掘と、行動に移すためのグループ化など、まちづくりに直結するワークショップが必要となっています。

目的はアイディア出しではなく人材のスカウトとグループ化

まちづくりのワークショップとは、地域の様々な立場の人々が参加して、地域社会の課題を解決するための計画を立てたり、計画の内容を実際に進めていく住民参加型の取組と定義されます。

近年、ワークショップやそれに類する手法が多用されるようになってきたのは、まちづくりに市民力を活かすために有効な手法だからでしょう。しかし、ワークショップの目的を適切に定めなければ、単なる意見交換やアイディア出しだけで終わってしまい、具体的なまちづくり活動の具体化までにたどり着かない可能性も高いのです。

ワークショップの目的はいろいろありますが、主には以下の７つに整理できます。

（１）行政から市民に対する説明・情報提供とそれに対する質疑の場

ワークショップに際し、議論の前提として行政サイドからワークショップのテーマや議論に必要な説明と質疑が行われます。これだけでは単なる住民説明会ですが、それ自体もワークショップの持つ目的の一つです。

（2）関係する市民同士が意見交換し、情報共有やネットワークづくりを行う場

ワークショップでは、そのテーマに関係する多様な市民が集まります。普段はなかなか一緒に議論する機会のない参加者同士が知り合い、自己紹介や日頃の活動の紹介などを通じて情報共有し、ネットワークができる場でもあります。

（3）市民が自ら学ぶ場（現場のフィールドワークなど含む）

行政が一方的に情報提供するだけでなく、参加者自らが現場を訪問したり、資料を調べたり、みんなで専門家の話を聞いたり、などの主体的な学びの機会になります。

（4）まちづくりの課題を出し合う場

参加者が決められたテーマに沿って、課題や困りごとを出し合い、どのような問題について議論し、解決策を考えるのかを整理します。

（5）課題に対する解決方法・アイディアを出し合う場

（4）で整理された課題に対する解決方法やアイディアを出し合います。

（6）アイディアを実現するための人材をつなぎ、実現に向けた議論を深める場

（5）で出されたアイディアに対し、関心がある人同士がグループとなって、アイディアの実現に向けた具体的な取組の内容を議論、提案します。

（7）提案を具体化するための機運を醸成し、支援する場

（6）の提案を実際に街で具体化するため、自治体が必要な支援を表明するほか、参加者同士が「力を合わせてやってみよう」という想いを共有醸成します。

どの目的も重要ですが、「自治体３・０」を具体化するためには、（7）まで到達するワークショップを目指しましょう。

1回だけのワークショップでは意味がない

前述した7つの目的を満たし、市民とともに本気でまちづくりの取組を具体化するのであれば、ワークショップが1回ではまったく時間が足りません。少なくとも3回は必要です。

生駒市が行っている3回1セットのワークショップの概要は以下のとおりです。

(1回目)
・行政からワークショップのテーマや背景となる課題などの説明
・参加者同士の自己紹介
・参加者からテーマとなるまちづくりに対する意見、課題を出し合う

(2回目)
・1回目に出された課題に対する解決方法を議論
・解決方法のうち、行政がやるべきこと、市民が自ら対応すべきことについて議論

・取り組んでみたい課題解決のアイディアごとに参加者をグループ化
・グループに分かれた市民同士が取組の具体化・実現に向けた議論

（3回目）
・グループごとに課題解決の取組や提案について、最終的に取りまとめ
・提案内容の発表　・質疑応答
・市長からの講評とアイディア実現に向けた支援表明

大切なのは、最終回に市長が参加し、行政からの支援も約束しながら、市民による行動を促すことです。関心のある課題が共通している市民をグルーピングできれば、第2章で紹介した図書館ワークショップのように、「一人なら難しいけど、みんな一緒ならやれるかも」と言って行動に移してくださる方も多いのです。

「自治体3・0」の取組を具体化するには、まちづくりの課題ごとに毎月ワークショップがあることが理想であり、市民を巻き込み、支援する体制を整え、まちづくり活動が持続可能な形で常に動いている状態を創っていくべきです。

5 市民のまちづくりを継続・発展させるための自治体による支援

「徳は孤ならず、必ず隣あり」という言葉があります。

市民がまちづくりの行動を起こせば、応援する人ばかりでなく、足を引っ張る人も出てきます。活動自体がなかなかうまくいかず壁にぶち当たることもあるでしょう。

市民のまちづくり活動を支援するためには、市長をはじめとする職員が活動の現場を訪ね、体験し、感謝の意を示すことが何より重要です。私も、市民によるまちづくり活動の1回目には可能な限り顔を出しています。1回目がうまくいかないと2回目の行動につながらないからです。

自治体職員や他の市民が応援して、活動する市民を一人にしないことが何よりも大切です。

現場への訪問がすべての基本

「協創に取り組んだ方が職員は忙しくなる」という声を聞きますが、協創のジレンマは、市民の活動が増え、官民連携が進めば進むほど、出かける場所が増え、丁寧に現場に顔を出すことが難しくなることです。

これはある意味うれしい悲鳴ですが、活動が軌道に乗って市民同士がつながるまでは、職員が手分けしてでも訪問しましょう。

現場に顔を出すことは、活動してくださる市民に感謝するという意味はもちろんですが、現場に足を運ぶことが当たり前という組織風土を醸成し、現場訪問によってまちづくりの課題を見つけて市政に活かすという、自治体職員にとって大切なことを学ぶ機会でもあるからです。

現場を訪問するだけではなく、ティー・ミーティングを開催し、市民から活動に対する想いや大変さをじっくり聞いたり、市への要望をいただいたり、逆に自治体サイドから市民に対してまちづくりのお願いをする場を設定することも効果的です。

広報や表彰で活動のモチベーションを上げる

市民やその活動内容を、自治体が広報でＰＲすることは、市民の活動に対するモチベーションを高めるための効果的な方法です。

なんといっても自治体にはホームページ、ＳＮＳ、自治会広報板、学校からの周知、広報紙といった、広く市民をカバーする多彩なメディアがあります。また、市の広報だけでなく、全国紙やテレビ、雑誌などの各種メディアに対し、特に頑張っている市民や活動内容を紹介したり、取材を依頼したりすることもできます。

地域に貢献する市民の多くは、その事業が多くの方に認知され、活動に参加してくださることが何よりの大きな自信と励みになります。また、そのような活動を他の市民に紹介することで、まちづくりへの参加を促すきっかけともなります。

特に優れた活動に対しては市の表彰制度も活用し、感謝の意や活動への高い評価を形にすることが有効です。生駒市では、20年以上まちづくり活動を続けている団体などを市長から表彰しています。また、国や県の表彰制度などを市民に紹介したり、場合によっては申し込みに必要な資料の作り方をアドバイスしたりしています。

その結果、国や県の表彰制度に応募する団体が増え、そのうちのいくつかは大臣表彰や知事表彰を受けています。市長室に表彰の報告に来られる皆さんはとても誇らしげでもあり、また、それを励みにますます活動に熱心に取り組んでくださっています。

市民活動の資金の確保を支援

市民活動の大きな課題として、活動資金の確保が挙げられます。

基本的には、市民による活動は市民自ら資金を確保して行うのが原則です。しかし、活動の立ち上げ期や新しい挑戦を行うタイミングなどで一定の公的な支援は必要という声も少なくありません。

生駒市では、市民税の１％を市民活動に充てる取組を平成23年度から続けてきました。支援を受けたい団体はその活動をＰＲし、市民による投票で活動資金の額が決定される仕組みです。このほか、活動メンバーだけのためではなく、広く市民にプラスとなる活動を行う場合には、一定の補助金を交付したり、公的施設の利用料金を免除するなどの支援を行っているほか、市民活動を支援する官民の団体による助成金の情報を取りまとめ、市民団体に紹介しています。

今後は、市民による活動資金の確保手段としてクラウドファンディングが有効となることから、クラウドファンディングについて学ぶ機会を市民団体に提供したり、クラウドファンディングを行う際に自治体が信用付与やＰＲで支援していくことも重要でしょう。自治体がふるさと納税や市民からの寄付を集め、まちづくりに取り組む団体に配分することも考えられます。

また、これからの市民活動はボランティアベースで行うものと、ビジネス的な手法を取り入れて収益構造を確立しながら取り組むものとに分かれていくと考えられます。

実際に生駒市でも、市民のまちづくり活動から始まった団体が法人格を取得したり、市の事業を委託するだけの実績と信頼を獲得する団体となる事例も出てきました。これらの団体は、「まちづくり会社」と言ってもよい存在であり、これからのまちづくりのカギとなる存在です（第４章参照）。

きめ細やかな支援が市民の活動につながる

まちづくり活動のリスクとして、活動に伴うトラブルや事故が考えられます。このリスクを少しでも軽減するためには、自治体がこのような活動に対し、まとめて保険をかけ、保険料を負担する方法が有効です。

生駒市では、市民の手によるイベントを応援する「イコマニア」という制度を創り、イベントのＰＲに加え、市が保険料を負担することにより、事故やトラブルのリスクを軽減して、市民の活動を後押しをしています。

活動に際し、担当課の協力が必要とか、市の施設を利用したい、などの要望があっても、市民はどこの課が担当なのかよくわかりませんし、わかっていても担当課に直接話しに行くのはなかなかハードルが高いと思います。協創を担当する職員が、市民を担当課の職員につないだり、公共施設の利用に関して仲介の労をとったりするなど、きめ細やかな支援を行うことにより、市民の活動はより深く、広く発展していくのです。

6 地域に飛び出す公務員の採用

生駒市役所の職員採用の倍率は、全国の自治体中第8位、関西1位であり、20人以上採用する自治体では全国1位となっていますが、これらは、「始動力」と「協創力」を持つ受験者に生駒市を目指してもらうための様々な採用改革の成果です。

市民力を高めるために自治体に求められる一番大切なことは、まちづくりに取り組む市民や事業者とともに汗をかき、信頼関係を築ける職員を採用・育成することです。

市民や事業者のまちづくり活動をサポートしながら、自らも一市民として街を楽しめる職員がどれだけいるのかが勝負。自治体において、これまでとは異なる視点での人材確保が必要となっており、採用活動の重要性が一層高まっています。

生駒市の採用改革〜目的は協創力・始動力を持つ職員の採用〜

生駒市では、公務員試験を廃止してＳＰＩ３試験を導入したり、日本一早い４月１日から採用プロセスを始めたり、中途採用試験の導入や年齢制限の緩和など、多様な人材が受験しやすい採用試験を具体化しています。

また、世間の注目を集める採用ポスターの作成や採用ウェブサイトの充実などを進め、生駒市で開催する最終説明会に多くの人が参加してもらえるような工夫をしています。そして、最終説明会では、職員による分科会を複数設置したり、若手職員がメンターの役割をしたり、私が受験者の質問に最後まで答えたり、と全国でも有数の充実した内容を準備し、受験者が生駒市で働くことをリアルに感じ「ここで働きたい」「生駒市で働けば成長できそうだ」と感じてもらえる工夫をしています。

ポスターから動画・ホームページ、説明会、受験へとつなぎこむ「ストーリーとしてのメディア戦略」を徹底したのです。

一方で、採用戦略だけでは受験者を引き付けることはできません。「職場がやりがいと活気にあふれているか」「若いうちから仕事を任せてもらえるか、成長の機会はあるか」「働きやすくワーク・ライフ・バランスは取れるか」などの中身の部分をしっかり整えることが重要です。内容が伴って初めて採用のメディア戦略の効果がでてくるのです。

私も、採用説明会で、公務員の終身雇用が近いうちに崩壊することや、地域に飛び出さない公務員はいらない、と明確に説明していますが、先進的な取組や自治体経営の方針を明確にし、成長と安心の基盤を整備することで、単に安定を求めて公務員を志望する人ではなく、新しい挑戦や地域に飛び出す公務員となれる優秀な人材を生駒市に引き付け、採用することができます。

このような職員こそ、まちづくり活動を行う市民の皆様が継続的に、楽しく活動を進めていただくための、最大かつもっとも効果的な支援なのです。

地域に飛び出す公務員が求められる背景

私は、我が国の行政学や地方分権の推進に尽力してこられた第一人者である西尾勝先生が、著書『自治・分権再考』で冒頭に記された言葉に衝撃を受けました。「地方分権改革の『究極』目的には、住民の広い意味での街づくり活動を活性化させることである。」が、「これが正しく理解されていないのではないか」。また、「これ以上の分権化を求めて右往左往することは、しばらく差し控え、それぞれの自治体の現場で自治の実践の質を高め、自治の本領を発揮することに、皆さんの関心とエネルギーを向けてほしい」と述べておられます。

西尾先生は、住民のまちづくり活動を活性化するためには、職員が「市民の心に火をつ」け、地域のオーガナイザーとして活躍する必要があるとも述べておられますが、このような自治体職員は残念ながらまだまだ少なく、先生の苦言は、このような職員をしっかり採用・育成し、街へと温かく送り出す意識や行動が必要だというアドバイスであり、同時に、それができていない自治体に対する警告でもあります。

先生の苦言の背景には、社会の大きな変化に対応しきれていない自治体が多いこと、とりわけ変化に対応できる人材の確保や育成ができていないことがあるのではないでしょうか。

社会の変化に対応するために必要な自治体職員とは？

それでは、西尾先生が理想に掲げる「住民の広い意味でのまちづくり活動を活性化」させ、市民の心に火をつけるような地域のオーガナイザーとして活躍できる人材とはどのような職員なのでしょうか。私の見解を以下に整理します。

まず大切なのは、減点主義から加点主義への変化を理解し、挑戦できる人材です。日本全体の人口減少や財政状況の悪化に伴い、大過なく過ごせばみんな一緒に成長できる時代は終焉しました。今後は、国に言われたことや法令に基づくことだけを他の自治体と同じようにやっていてはみんな一緒に沈んでいく時代であり、他と違うこと、新しいことに挑戦しなければ未来はないのです。

そして、このような新たな挑戦や先進事例を、それぞれのまちにフィットするようにアレンジしながら横展開し、日本全体を発展させるのが地方創生の目的です。したがって、タブーや予定調和・前例を崩す勇気、既得権益や職場内外の批判的勢力などと戦い、関係者を調整しながら具体化するまで取り組むエネルギーを持つ人材が、これまで以上に必要なのです。

『採用基準』（伊賀泰代著：ダイヤモンド社）で著者は、「組織の目標のために、能動的にアクションを起こし、価値を付加し続ける」ことを「リーダーシップ」と定義しています。これは、『やり過ぎる力』（朝比奈一郎著：ディスカバー・レボリューションズ）において、著者が「始動力」と呼んでいる力ともつながります。これからの自治体職員には必須な力の一つはこの「始動力」なのです。

そして、もう一つ必要な力は「協創の力」です。特に、第1章で述べたような大きな社会変化が起こっている中で、今後、「自治体３・０」のまちづくりを進める自治体職員は、従来のような事務処理能力、専門的な知見に加え、現場や地域に飛び出す力、地域や現場の課題・キーパーソンや面白い場所・イベントなどを見つけ出す発見能力、好奇心の強さ、そして、市民や事業者の信頼を勝ち取ってワンチームを形成し、課題を解決したり、まちづくりに付加価値をもたらすための行動を起こせる力が必要となります。私は、これらの力を総称して「協創力」と呼んでいます。

これらの力を持つ人材を採用・育成できない自治体は今後必ず消滅していくのです。

7 職員の「協創力」を伸ばす

「自治体3・0」のまちづくりを進めるため、職員の「協創力」を高めることが必要と述べましたが、この力は以下の3つの要素に分けることができます。

①　協創できる市民を見つける高いアンテナと会いに行く行動力
②　協創の事業を創るコミュニケーション力と企画力
③　市民との協創を行政組織内で説得する力

協創できる市民を見つける高いアンテナと会いに行く行動力

協創を実現するためには、まずは、力を合わせて課題に取り組んでくれる市民を見つける必要があります。

素敵な「市民」を見つけたいのなら、市の広報紙や一般紙の「ひと」欄をチェックしたり、周りの職員に教えてもらいましょう。市民主催のイベントなどに顔を出し、素敵な市民を見つけるのも良いですし、素敵な市民から友達を紹介してもらえば人脈は雪だるま式に増えます。

「市民と会っても行政への批判か要望ばかり」という公務員もいますが、まちづくり活動に熱心に取り組む市民で行政の批判や要望ばかりする人はほとんどいません。自らの手でまちづくりを進めようとする市民は「すべて行政頼み」にはならないからです。活動を進める中でどうしても行政でないとできないことや、行政と力を合わせた方がより効果的に活動が進めようなときには要望も出てきますが、これは協創を進めるのであれば、自治体が当然対応すべきことです。

「そんなイベントに行くのは恥ずかしい」という職員もいますが、メディアなどで批判されることが多くなっていてもなお、自治体職員は市民から一定の信用があります。自治体職員は、この特権を活かして地域の面白い人にどんどん会いに行くことができますし、逆にそれをしなければ仕事の面白さは半減してしまいます。

そんな恵まれた立場にある自治体職員が、街の面白い人、素敵な人を100人言えないようなら、まだ街に本気で飛び出していないと言われても仕方ありません。

現場の声をお聞きし、市政へのニーズ、面白い提案、その実現に力となりうる市民を知ってこそ、施策の判断を適切に下すことができるのです。まさに「足で稼ぐ」行政が不可欠となっています。市役所での会議ばかりでは市政は運営できないのです。

協創の事業を創るコミュニケーション力と企画力

素敵な市民を見つけて会いに行った時、単にお話ししてお終いになるのか、具体的な連携事業の実現に向けて動き始めるのか、この大きな分かれ目となるのは、コミュニケーションを通じて、「この職員となら面白いことができそうだ」「挑戦やリスクを嫌がる職員とは一味違う」と市民に感じてもらえるかどうかです。

こう書くと何やら難しそうですが、相手となる市民の活動について調べ、その活動について理解を深めたうえで、街への貢献に感謝しながら、一緒にまちづくりの会話を楽しめば良いのです。そのうえで、「何かコラボして楽しいことやりたいですね」

と話しを振り、具体的な動きへとつないでいくことです。また、職員本人がまちづくり活動に汗をかいた経験があれば市民に対する説得力は大きく高まります。生駒市は職員の副業や地域に飛び出す活動を推奨していますが、これも協創力向上の一環です。

面白い市民同士をつなげて新しい動きを生み出す力も職員の企画力、協創力の大切な要素であり、生駒市では職員向けにファシリテーション研修を行っています。また、若手職員を対象に、政策形成・実践研修を行い、市民のアイディアを具体化するための分析力や企画力を身につける機会も設けています。

市民との協創を行政組織内で説得する力

市民の信頼を得て、協創のまちづくりを自治体と市民との共同事業として進める場合、いかにして上司や組織を説得するか、いわゆる「ボスマネジメント」が大切になります。これがうまくいかないと、「あの人に話しても組織は動かない」と思われ、連携の相談がこなくなる可能性があるからです。

上司を説得するには、「データなどの科学的根拠」「現場・市民の声」に加え、市長の施政方針や各種の計画、他の自治体の先進事例などを活用する必要があります。同時に、あなた自身も上司の業務に対する考え方、価値観、想いについて、時間を取って聞く機会を設け、しっかり議論しましょう。

上司の多くは「話せば（ある程度は）分かる」人です。上司の不満を言う人の多くは、上司とコミュニケーションをしっかり取れていません。「上司はわかってくれない」という人がいますが、上司があなたほど担当業務の内容や現場で活躍する市民について知らないのは当たり前です。だからこそ、上司を教育し、その過程で少しずつあなたの色に染めていく「ボスマネジメント」は部下の大切な仕事なのです。

協創事業を実現したいなら、市民が活躍する場所にぜひ一度上司を連れていってみてください。それこそが最大の上司教育になるかもしれません。

8
地域に飛び出す職員を育成・支援するための取組

生駒市では、人事評価を工夫したり、クロスメンター制度を導入したり、職員の副業を認めたりして、地域に飛び出す職員をいろいろな方法で応援しています。

地域に飛び出すことのできそうな職員を採用した後で重要なのは、このように実際に地域に飛び出す職員となるよう育成・支援することです。

いくら優秀な職員を採用しても、上司が地域活動に理解がないばかりか、地域に飛び出すことを許さないようなケースもあります。これではせっかくの優秀な職員が活躍できず、深刻な場合は人間関係の問題が生じたり、職員が退職したり、ということにもなりかねません。

人事評価、クロスメンター制度、残業削減

前述のように、生駒市では協創力を持つ職員の採用に全力を注いでいますが、これらの職員が地域の現場に飛び出し、活躍してもらうための職員育成の取組、上司の部下育成の意識と行動は、職員採用と同じくらい重要です。

例えば、生駒市では、人材育成方針の中に「常に生駒市と生駒市民を愛し、誇りに思う気持ちを持つ」「生駒市のことを良く理解し、地域での活動に積極的に参加する」と明記し、これらを人事評価項目に位置付けています。地域に飛び出すことのできる職員を高く評価するとはっきりさせました。

私自身も地域に飛び出す公務員を応援する首長連合に参加し、各自治体の首長とともに、地域に飛び出す公務員の皆さんを応援しています。

具体的には、全国各地に存在する「地域に飛び出す活動」のうち素晴らしいものを表彰したり、地域活動を行う際の課題ややりがい、市民との関係を円滑に進める工夫や上司の理解を得る方法などを共有したりしています。生駒市で取り組んでいる副業

促進の取組を、自治体間で横展開するための議論を重ねています。

また、生駒市では、メンター制度のほかに、クロスメンター制度を設けています。業務内容や仕事への心構えなどを指導するのがメンターだとすれば、クロスメンターは若手職員が自ら選択することのできる先輩職員であり、職員として、社会人として、一市民として、どのような働き方、生き方をすべきかを学び、意見を交わしながら、背中をそっと押してくれる存在です。地域に飛び出したい職員はそのような活動をすでにしている先輩職員をクロスメンターに指名し、具体的な役所内外での動き方などを学びます。

そのほか、生駒市では、残業目標時間の達成度合いも人事評価項目に位置づけ、職員のワーク・ライフ・コミュニティの融合を実現するための後押しをしています。平成23年度に９３５００時間だった総残業時間は、２万時間以上削減できていますが、減った残業時間を家庭や自己研鑽はもちろん、地域活動にも活用してほしいと伝えています。また、新人職員研修では毎年市民にインタビューをしてもらい、生駒市民の市政に対する高い評価や、まちづくりに対する理解や意識の高さを体感してもらうことで、地域に飛び出すことに対するハードルを下げる取組を続けています。

生駒市が職員の副業を促進する理由

これらの取組に加え、生駒市では、2017年8月1日より、職員が職務外に報酬を得て地域活動に従事する際の基準（副業に関する基準）を明確化し、職員の副業を推奨することとしました。ここでいう副業とは、単に「働いてお金を稼いでもらうことを奨励する」という意味ではなく、「勤務時間外に地域に貢献する活動を行う場合は適正な報酬をもらっても良いですよ」「副業する場合はこういうことにだけは留意してください」ということを明確にしたものです。

そもそも「公務員は副業してはいけない」と長年信じ続けられてきました。しかし、地方公務員法をはじめ、どの法律を読んでも、公務員が副業することを禁止する規定は見当たりません。本業に真摯に取り組んだうえで、任命権者の許可を受け、本業の権限を副業に悪用したり、利害相反行為になったりしなければ、地域活動を行うことに何の制限もないばかりか、適切な額の報酬を受け取ることも可能です。

むしろ、一定の条件を満たせば、「地域に飛び出す活動」を積極的に推奨するのが、自治体の責務といっても過言ではないのです。

生駒市が、職員の地域に飛び出す活動を促進しているのは、市民にまちづくりのためにに汗をかいてもらう「自治体３・０」のまちづくりをお願いする以上、自治体職員も「一市民」として、しっかり地域に飛び出す活動をしないと説得力がないからです。

地域に飛び出す活動は、職員の人生を考えた時にもきっとプラスになるはずですし、地域活動から学んだことや人的なつながりが公務員の本業に役立つこともあります。この趣旨から言えば、自治会活動、ＰＴＡ、音楽やスポーツなどの趣味の活動、ごみ清掃、ラジオ体操など、「地域に飛び出す」ことが重要なのであって、決して謝礼や報酬を伴う副業という形でなくてもよいのです。副業は地域に飛び出す活動の一つの形態にすぎません。

しかし、地域活動をして他の市民が謝礼を得る場合でも「公務員だから謝礼をもらってはいけない」と思いこんだり、市民側も「公務員だから謝礼は渡す必要がない」と考えている人が多いのが実情です。このような現状では、自治体職員が地域活動に参加しても「もやもや感」が残ります。そこで、自治体職員も市民も認識を改め、公務員が地域活動を気持ちよく行えるようにする意味も込めて、地域活動を行って報酬を得ることが可能となる基準を定め、内外に公表したのです。

実際に、生駒市で副業の許可を得て活動している職員はこれまでで15人程度ですが、それまで無償でやっていたスポーツのコーチの活動で謝礼をもらい始めた職員は「これまで以上に責任感を持って活動している」「本業に活かすことも意識しながら活動している」とうれしいコメントをしてくれています。

多くのメディアがこの取組を取り上げてくださいましたが、副業に対する市民の反応も好意的なものがほとんどですし、職員が地域活動することに対する市民の認識も変化しています。

地域に飛び出す自治体職員を増やすことが、市民と職員の信頼関係を強め、市民によるまちづくりを促進します。「自治体3・0」を具体的にするための必須条件なのです。

9 行政にしかできないことは自ら全力で対応する

これまで、市民のまちづくり活動を行政としてどのように支援するか、について述べてきましたが、すべての大前提にあるのは市民と行政との信頼関係です。

地域に飛び出す職員を増やすことはもちろん大切ですが、何よりも自治体職員として、行政にしかできないことは他の自治体に負けないスピード感、質の高さでしっかりと対応し、その成果や過程を市民に発信することが不可欠です。

市民が「行政も頑張っている。私たちも自分たちでできることは頑張ろう」と考え、行動してくれるようになれば、それを見て、自治体職員も背筋を伸ばして本業や地域に飛び出す活動を精いっぱい頑張ります。このようなまちづくりの好循環が生まれている街は「自治体３・０」の見本となるような地方創生の理想形となります。

「市民も汗をかいてください」というために必要なこと

私は、全国各地の講演でもメディアの取材でも「市民ニーズに行政だけで対応するのは不可能です」「市民にも汗をかいてもらいたい」「市民を単なるお客様にする自治体は崩壊する」と言い続けています。しかし、これを行政が自ら発信するのはある種の覚悟が必要です。

例えば、自治体による取組が市民の信頼や満足を得られていない地域で、「市民もまちづくりに汗をかいてください」と言っても、市民からは「税金払っているのにどうして市民が汗をかかないといけないのか」という不満が先に出てきます。

実際、私も全国いろいろな場所で「自治体3・0」の講演をしてきましたが、「そんなこと当たり前じゃないか」という反応のある地域から、「我々は税金を払っているのに、何を訳のわからないことを言っているのか」という反応の地域まで、様々あります。

市民に汗をかいていただくためには、市民と行政の間に一定の信頼関係があることが不可欠です。そのためには、行政にしかできないまちづくりの取組については、他の自治体に負けないスピード感、質の高さでしっかりと対応し、市政に対する市民満足度を高めることが大前提となります。

例えば、２０１８年6月に大阪を中心としたエリアで発生した地震で、倒壊した学校の壁の下敷きとなり大阪の小学生が死亡するという痛ましい事故が発生しました。この事故を受け、生駒市では担当部署が他の自治体に先駆けて迅速に調査を実施・完了してくれました。他の自治体では学校の壁だけを調査するところが多かったのですが、生駒市では職員がすべての公共施設の壁を調査してくれたのです。調査の結果、一部に強度が不十分な個所が見つかりましたが、生駒市では調査結果をすぐに公表して速やかに改修工事を行い、いち早く市民に安心をお届けすることができました。

このような災害対応が代表事例ですが、生駒市ではこの他にも職員採用、ＳＤＧｓ未来都市への認定、全国トップクラスの介護予防の取組、自治体電力会社の創設、ユニバーサルデザインフォントなど障がい者への合理的配慮、ふるさと納税を活用した動物愛護、シェアリングエコノミーとの積極的な連携など、先進的な多くの挑戦を続けています。

また、市民に対する接遇では、アンケートの結果5点中4・17点と高い評価をいただいているほか、市民からの苦情や問い合わせにも迅速に現場を訪ねて対応したり、SNSを活用したきめ細やかな要請を受け付けるなど、丁寧に市民対応を進めています。

このような取組の結果、生駒市の財政力指数は奈良県39市町村中最も健全な状態を保ちながらも、住みやすさ満足度は65・0%、定住意向は84・7%に達するなど、市民から高い評価をいただいています。

客観的な評価においても、ダイヤモンド・オンラインによる「本当に魅力ある市区町村ランキング」で奈良県1位、全国1724市区町村中46位となっています。

まちづくりに市民の力を借り、負担を求める以上は、行政でしかできない仕事は他の自治体に負けないように取り組むことが必要です。

「市民に汗をかいてもらうまちづくり」を掲げる生駒市ですが、職員が市民以上に汗をかかなければ、「自治体3・0」の取組はうまくいかないのです。

頑張った取組や成果は市民に発信せよ！

生駒市では、エアコンやトイレの洋式化、障がいを持つ児童への合理的配慮など、生駒市の教育に関するインフラ整備や先進的な取組について市民にしっかり発信した結果、エアコンの設置や図書の寄贈など、教育に対する寄付や学校のボランティアなど、市民のご支援が増えています。また、ふるさと納税を活用した動物殺処分ゼロの取組を進め、しっかりと発信した結果、ネット上で大きな反響をいただき、全国から活動に対する支援が続いています。

第３章の２でも触れたように、様々な先進的取組を市民にしっかりと発信しなければ市民が知ることもなく、市民満足度は上がりません。市民満足度が上がらないと自治体と市民との信頼関係の構築は進みませんし、市民によるまちづくり活動や、市民と行政による協創の取組も進みません。

ほかの自治体に負けない取組をしっかりと行ったうえで、市民に対して生駒市の取組とその成果をしっかりとＰＲすれば、それを知った市民から、「生駒市も頑張っているから、私たちもできることは自分でやろう」という雰囲気が生まれ、実際の行動につながっていくのです。この雰囲気と具体的な行動がある地域とない地域では、まちづくりに格段の差が出ます。

生駒市では、私が「すべての市民ニーズに行政の力だけでは対応できません」とはっきり申し上げても大丈夫な街になりました。そればかりか、私が言わなくても、市民の方から「なんでも行政にやってもらおうと思ったらダメ。自分たちでできることは自分たちでやった方が健康になるし、楽しいでしょう」なんて発言が出てきます。

市民がまちづくりに汗をかいてくれる現場を見て、自治体職員がそれに負けないように一歩先の取組を行い、さらに市民の信頼を勝ち取る。それを市民に発信することで、また市民も次の取組を進めてくださる。

このような市民と行政の相互信頼に基づく取組、まちづくりに汗をかきあう好循環が自然と起こっている地域だけが、地方創生時代に生き残ることができるのです。

第4章

「自治体3. 0」の今後の展開

1 テーマ別のアクションを地域につなげよう！

「自治体3・0」のまちづくりをさらに発展させるため、生駒市では様々な挑戦を進めています。

自治会、PTAなどの地縁型コミュニティはまちづくりの大きな柱ですが、近年担い手不足に悩む組織も増えています。一方で、子育て、女性の活躍、健康づくり、文化・スポーツなどのテーマ型コミュニティは多様化し、多くの人が参加しています。

そこで生駒市では地縁型コミュニティとテーマ型コミュニティとをうまくつなげ、まちづくりの動きをさらに広げ、深めていく工夫を日々続けています。

地域の担い手の減少

生駒市の自治体加入率は２０１７年度で79・60％、住宅都市としては、比較的高い水準を保っています。それでも、近年は役員のなり手がなかなか決まらなかったり、子ども会が解散したり、と自治会運営は厳しさを増しています。

一方、自治会をはじめとする地縁型組織の重要性はますます高まっています。高齢者夫婦世帯や高齢者独り暮らし世帯などが増える中で、災害時の相互援助や見守り、健康づくりに相互交流から買い物支援まで、家から歩いていける距離にある自治会の活動がこれからの高齢化社会では生命線となるからです。

したがって、これからの地縁型コミュニティは、地域の課題を整理し、自治会の住民や資金を使って、どんな課題に取り組むのか、課題解決のために何ができるのかを考える必要があります。そのうえで、自分たちだけで実現できないことは、行政の支援のほか、テーマ型コミュニティの力を借りることが合理的な選択です。

テーマ型コミュニティの発展

テーマごとに関心を持つ人たちが集まり、活動する団体が増えています。生駒市でも第2章で紹介した団体のほか、地域食堂、障がい者やその家族を支える団体、傾聴ボランティア、コミュニティ・ナース、地域ネコ活動、断酒・禁煙、ＩＣＴを活用したまちづくり、観光ボランティア、スポーツや文化の振興、防犯・防災活動、国際交流など、多岐にわたる団体があります。

生駒市の市民活動推進センターには90以上の市民団体が登録しているほか、市民によるイベントを応援する「イコマニア」という制度を活用して、６００以上のイベントが開催されています。

昔は、高齢者になると多くの方が「老人会」に加入していましたが、今はハイキング、ボランティア、文化活動など、興味のあるテーマだけを楽しむ人も増えています。このように、テーマ型コミュニティが発展していることが、地縁型コミュニティの「参加者が減少している」一つの理由にもなっています。

テーマ型コミュニティを地縁型コミュニティにつなげる

このようなまちづくり活動の現状を踏まえれば、地縁型コミュニティがテーマ型コミュニティの力も借りながら、これまで以上に複合的かつ機能的なコミュニティを展開していくことが合理的です。

高齢者の多い地縁型コミュニティがテーマ型コミュニティと交わることで、ＩＣＴの活用により活動が大きく効率化されたり、地縁型コミュニティに子どもたちが参加するようになるなど、大きなプラスをもたらすケースも増えています。

逆に、テーマ型コミュニティにとっても、活動の場の確保や活動の幅を広げる意味で、地縁型コミュニティは貴重な機会です。地域での活動を通じて、地縁型コミュニティに関心を持つテーマ型コミュニティのメンバーも出てきました。自治会やＰＴＡなどを舞台に、ＩＣＴやデザインなどのスキルを活かして活躍する市民も増えています。

テーマ型と地縁型のコラボレーション事例

自治体の役割として重要になるのは、各地域や自治会の困りごとを把握し、その解決に力となるテーマ型コミュニティを紹介し、つなぎこむことです。生駒市では、すでにいくつかの連携が始まっています。

例えば、少子高齢化が進む地域では、地域食堂である「たわわ食堂」が、地元の自治会や農家の皆さん、障がい者支援団体と力を合わせ、地元野菜を利用した食事を安価で提供しています。その結果、子育て世代や高齢者が多数参加し、おいしい食事を食べながら世代間交流をするほか、障がいを持つ方も食事の調理や配膳を行うなど、いろいろな人が集まり活動する「ごちゃまぜ」のコミュニティとなっています。

生駒市健康づくり推進員連絡協議会のみなさんも「ひまわりのつどい」という活動を行い、レクリエーションや手作りの食事を提供し、高齢者の外出機会を増加、体力・気力の向上に貢献しています。この活動と各自治会をつなげたことにより、駅前施設で開催されるつどいには行けない高齢者も、近くの自治会館で開催されるつどいには足を運ぶようになりました。いつもは一人でご飯を食べている人も、同世代の仲間との会話やレクリエーションを楽しみながら食事もしっかり摂っています。

ＩＣＴ団体の活躍も忘れてはいけません。生駒市には、「Code for IKOMA」というＩＣＴによるまちづくりを進める団体があります。彼らは、インターネットを活用して外国人向けに地域の宿を紹介したり、高齢者の移動支援が課題となっている地域で車に乗せてほしい人と車を出せる人とのマッチングシステムを構築したりしています。

市内の女性たちが企画運営する、物販、飲食、ワークショップなどの手作り市「こま市」のメンバーは、小学校区単位の自治活動である市民自治協議会や、障がい者を支援する法人などとの連携により、年に一度「いこいこまつり」を開催し、地域の賑わいづくりや、多様な市民の地域への参加の機会づくりに貢献しています。

「コミュニティの縦糸（地縁）と横糸（テーマ）の組み合わせ」により、まちづくりの活動は無限の広がりを見せるのです。

2 ボランティアからビジネスへと展開しよう！

私の手元に1冊の本があります。『サラリーマンは300万円で小さな会社を買いなさい　人生100年時代の個人M&A入門（講談社＋α新書：三戸政和著）』です。事業承継を応援する新しい切り口の本で2018年のベストセラーとなりました。

今の日本社会には、黒字経営をしているのに後継者がおらず事業を閉じる事業所が少なくありません。ビジネス経験のある人がこのような事業を承継し、ICTや管理の仕組みなどを導入すれば、商品・サービス力や販路はすでに確立しているので、大きな収益が期待できます。

生駒市では、高齢者福祉の分野を切り口に、全国でもっともボランティア活動の盛んな地域の一つとなりました。しかし、まちづくり活動には、ボランティア以外にも様々な形があります。コミュニティビジネスなどを立ち上げるほか、事業承継に取り組むなど、ビジネス手法を用い、経済的に自立した形でまちづくりに貢献する人が出てきました。

市民の多様なライフスタイルに合わせ、一人ひとりが取り組みやすい多様なまちづくりの受け皿を用意することも、「自治体３・０」のまちづくりに欠かせません。

ボランティア日本一の街いこま

第２章で紹介したとおり、生駒市では以前から要支援・要介護になった高齢者を、本気で健康に戻す取組に取り組んできました。一人ひとりの身体の状態などを細かく専門家が分析したうえで適切なプログラムを組み、筋力トレーニングのマシンなども活用し、多くの高齢者を要支援・要介護状態から健康な状態に戻してきたのです。

生駒市の取組のポイントは、健康に戻った高齢者に、街への恩返しとしてボランティア活動をお願いしてきたことです。健康になっても外出・運動をせず、食事を適切に摂らないでいると、またすぐに要支援・要介護に逆戻りです。そこで、高齢者がボランティアに取り組むことで、定期的に出かける場所ができ、人のためになっているという自己肯定感の高まりとも相まって健康を維持していただけるのです。

ボランティアが増えれば、体操教室や高齢者サロンなどの拠点を大きく増やせます。その結果、「遠くの教室には行けない」と言っていた高齢者も、自宅から歩いて数分の自治会館になら通ってくれます。生駒は歩いていける自治会館でサロンや体操教室を開けるほどボランティア活動の盛んな街となりました。「脳の若返り教室」などのボランティア数では全国トップの水準を誇っています。

ボランティアからビジネスへ

高齢者福祉分野から始まった生駒市のボランティア活動は、今や子育て世代の女性、学生、現役世代など大きく広がっています。しかし、これからのまちづくりを考えた時、ボランティア活動に加え、地域課題にビジネス手法を用いて解決する動きが合理性・重要性を増していきます。

地域ビジネスの持つ可能性が大きくなっている理由として、まず、クラウドファンディングなど市民が資金を集めやすくなっていること、インターネットの発展によって個人と個人がつながりやすくなってきたことが挙げられます。これにより、小さな地域ビジネスは、以前と比して格段に始めやすくなっているのです。

第2章で紹介した「市民エネルギー生駒」や「グッドネイバーズ」は、市民とリアルなつながりを丁寧に紡ぎ、クラウドファンディングや市民からの投資を地域ビジネスにつなげ、収益を上げながらまちづくりに貢献している素晴らしいお手本です。

また、近年、制度的にも社会の雰囲気的にも副業や兼業がしやすくなっていることも地域ビジネスにはプラスです。会社員などが週末や平日の夜だけではなく、平日の昼間の時間も一部活用して第二の収入源を確保することが可能な時代です。

今後は、終身雇用が崩壊し、一つの企業で退職まで働き続けることができない時代になります。すべての社会人が、自分の好きなことや得意なことをビジネスにつなげ、企業組織に依存しない自立可能な社会人となる必要があります。したがって、退職者や専業主婦はもちろん、現役世代の会社員などが、日常生活や趣味、仕事から得た知見を活かして収益を上げる動きが広がることは間違いありません。

そのような動きを、街の課題やニーズに応える地域ビジネスへとつなげていく努力が自治体の仕事になるのです。

これからの地域ビジネスの具体例

生駒市でこれから期待している地域ビジネスがいくつかあります。

まずは「空き家を活用した民泊」です。

観光振興に取り組み始めた生駒市ですが、現時点では大きな宿泊施設がなく、観光客の泊まる場所が十分ではありません。宿泊施設の誘致なども視野に入れつつ、民泊施設も整備していく必要があります。市民や事業者が空き家等を活用して整備し、民泊事業を行えば、市が直接予算を投入することなく、空き家の解消、地域や観光産業の活性化、市民の雇用促進と活躍の機会の創出など、生駒市の抱える多くの課題に同時に対応できる取組となります。できれば市外ではなく市民がオーナーとなり、市民がまちづくりに貢献する形となればベストです。

冒頭に触れた「事業承継」も今後重要な地域ビジネスとなります。

街にある会社や事業所がなくなることは、税収減につながるのはもちろんですが、街のシンボルがなくなることによる市民へのマイナスは計り知れません。ビジネス経験のある市民が市内の会社を承継し、ＩＣＴ技術を活用した業務改善を行ったり、市民が寄付や株式の取得で支援したりと、みんなで盛り立てていければ、最高のまちづくり活動になります。ビジネスの手法を活かしたまちづくりは、これまでまちづくりに参加していなかった層を地域に引き入れるための大切なポイントです。

3 事業者との一歩踏み込んだ連携を具体化しよう！

「自治体3・0」の担い手は市民だけではありません。市内外の事業者や大学などの有識者も大切なパートナーです。

事業者から「○○市は話を聞いてくれる」「提案を形にしようと一緒に努力してくれる」と評価される自治体になれば、多くの事業者や大学関係者から具体的な提案がどんどん持ち込まれ、地方創生時代の自治体に不可欠なブランドが生まれるのです。

生駒市が事業者と連携して具体的な課題に取り組んだ事例を二つ紹介します。

ユニバーサルデザインフォント導入の事例

株式会社モリサワと取り組んだ学校へのユニバーサルデザインフォント（ＵＤフォ

ント）とシェアリングエコノミーの導入です。

わが国には、「学習面で著しい困難を示す」児童生徒が４・５％いると推定されています（文部科学省調査）。例えば、弱視や読み書きに問題のある子どもには、「文字がにじむ、ゆがむ、反転する」などの困難があり、これが原因となって、学習意欲や学習機会が失われたり、学習内容の理解が不十分となって自己肯定感が低下する例も少なくありません。

このような子どもたちに対する取組の一つがＵＤフォントです。ＵＤフォントとは、株式会社モリサワの定義によると、「文字のかたちがわかりやすい」「読みまちがえにくい」「文章が読みやすい」フォントのことです。

２０１８年、生駒市は、事業構想大学院大学が主催する官民協創プロジェクトのメンバーに選ばれ、そこで株式会社モリサワと出合いました。１年間のプロジェクトを通じて、双方の課題や現状、取組やサービス内容などを学びあい、信頼構築につながる中で、生駒市は教育熱心な街という切り口から、モリサワが取り組むＵＤフォントの話につながり、一気にプロジェクトが進んだのです。

具体的には、まず、生駒市の小学生１１６人に対し、文を読んで「ただしい」か

「まちがい」かに丸を付ける問題36問を、一般的な教科書体とＵＤフォントで用意し、それぞれ1分間でいくつ回答できるかを測りました。平均回答数は、ＵＤフォントが29・5問で教科書体が24問、36問全問回答者はＵＤフォントが30人で教科書体が４人、正答率はＵＤフォントが81％で教科書体が66％でした。

実験の結果、ＵＤフォントで作られた問題の方が、文字に対して悩みや問題を抱える児童はもちろん、その他多くの児童にとっても、回答できた問題の数が多く、正答率も明らかに高くなっています。ＵＤフォントの利用により、多くの子どもたちが学習達成感を持ち、学習意欲や学力の向上が期待できると考えられます。

学校現場でも学習障害などの課題を持つ児童への対応に熱心に取り組む教員が多くいたこと、株式会社モリサワさんから学校現場に対しＵＤフォントの無償提供の申し出があったことなどから、導入が速やかに進み、現在では学校の印刷物の多くがＵＤフォントで作成されています。

生駒市では、学校だけでなく、市民に配る印刷物もＵＤフォントを活用し始めており、市役所に寄せられる問い合わせ数も減少すると見込んでいます。

シェアリングエコノミーの持つ大きな可能性

もう一つの事例は「シェアリングエコノミー」との連携です。

「シェアリングエコノミー」とは、車や家などの「物」や、家事支援や子育てなどのサービス・スキルを独占的に所有・享受するのではなく、他の人と共有したり、余剰分を有している人が不足している人に提供したりと、従来有効に使いきれていなかった資産や労働力、時間などを相互活用して新しい価値を生みだすことです。

有名なところでは、民泊のＡｉｒｂｎｂや配車サービスのＵｂｅｒがありますが、生駒市では、子育てシェアの株式会社ＡｓＭａｍａと全国で初めて協定を締結したほか、株式会社タスカジの家事支援サービス、Ａｋｉｐｐａ株式会社の駐車場シェアなど、シェアリングエコノミーのサービスを積極的に導入しています。

背景には、ＩＣＴの普及により個人と個人が効率的につながることができるようになったことがあげられます。ある人が家事支援できる状態にあっても、そのことを家事支援が必要な方が知らなければこのエコノミーは具体化しません。しかし、ＩＣＴ

の進化により、リアルタイムかつ効率的に「個と個」のマッチングが可能となったことから、シェアリングエコノミーが急速に進化を続けているのです。

そうなれば、自治体として、シェアリングエコノミー各社のサービスを地域で利用可能にし、側面から支援していくことが有効です。サービス内容について市民に広く周知し、会社やサービスに対する信用付与をするだけで、シェアリングエコノミーの事業者が、困りごとのある市民とそれを支援できる市民をつなぎ、地域課題の解決や市民満足度の向上に貢献してくれます。自治体が多額の予算を投じる必要もありません。

役所自身も、庁舎や駐車場、公共施設のスペース、公用車などの行政保有資産を民間企業や市民とシェアすることが可能です。生駒市では、Ａｋｋｉｐａ株式会社と連携し、土日や年末年始に市の駐車場を市民に貸し出しています。逆に、民間企業などが有する資産やマンパワーをシェアしてもらえば、公用車や市庁舎などを保有しないという選択も可能になります。

シェアリングエコノミーの事業者は今、様々な地域課題の分野ごとに知恵を絞り、社会の資産と困りごとをつなぎ、解決するビジネスモデルを考え、実践しています。多様化・複雑化する地域課題に取り組む自治体にとって、シェアリングエコノミーと連携し、その力を活かさない選択肢はありません。

事業者が相談しやすい受け皿と連携を効果的にする工夫が必要

自治体の中には官民連携の窓口を設け、事業者との連携を効果的に進めようと取り組むケースも増えてきました。生駒市でも窓口を設け、事業者からの連携の申し出を一元的に受け付け、調整・具体化していく受け皿を整備しています。

一方で、窓口を設けるだけで官民連携が効果的に進むわけでもありません。私は３つのポイントがあると考えています。

一つめは、自治体が窓口を設けて受け身で事業者を待つだけではなく、積極的に事業者に働きかけていくことです。

事業者に注目してもらい、「○○市と連携したいな」と思っていただくには、官民連携窓口の明確化に加え、こちらから出向いて積極的に事業者とのネットワークを構築すること、ご提案があった時にとにかく一度は聞く姿勢（できれば市長本人が聞く）、提案のすべては実現できなくても一部はしっかりと具体化すること、その成果を広く社会に発信すること、などが重要となります。

「生駒市はとにかく話は確実に聞いてくれるし、提案の一部は実際に具体化してくれる」という評価が浸透すれば、何物にも勝るブランドとなり、いろいろな事業者からの提案がどんどん集まるのです。

二つめは、どのような連携を進めるかを考える際、事業者や自治体の想いだけで決めるのではなく、市民や地域の課題をどう解決するか、市民力などの地域資源をどう活用するかという視点を持ち、しっかり向き合うことです。

どの地域でやっても同じような内容の官民連携はうまく機能しません。事業者と自治体、市民や事業者も参加するワークショップを開催し、相互の信頼醸成はもちろん、お互いの強みや課題を洗い出し、どう連携したら効果的にまちづくりが進むのか、事業者にとってもプラスになるのかを調整し、具体化するプロセスが不可欠です。

官民連携を進める気概を見せる

最後は、本気で官民連携する気概を持つ、見せることです。

自治体が、事業者と連携して新しい挑戦や取組を進める際に生じる大きな障壁は「過度の公平性」です。特定の事業者との連携を進めようとする時、「連携する事業者と癒着しているのではないか」というような誹謗中傷は後を絶ちません。

このような中傷がなされると、「痛くもない腹を探られるくらいなら何もしないほうがまし」と考える自治体職員が増え、官民連携の最大の障壁になります。もちろん、機会の公平性と適正な手続き、市民への説明責任は必要ですが、地域課題が複雑化・専門化する中、行政だけでは解決不可能な課題に対する効果的なスキルや経験を持つ事業者が増えているのに、事業者と行政との連携の足を引っぱったり、「公平性」という言葉に隠れて何の工夫も講じなかったりすることは許されません。

全国で初めての事業だったり、大きなプロモーション効果が期待できる場合は、事業者から無償でサービスを受けられる場合もあります。ワークショップで市民に参加していただきながら、どの事業者とどのような連携をするかを決めていくのも一つのやり方でしょう。様々な工夫をしながら、誹謗中傷と戦い、市民の理解を求める労力を厭わない本気の姿勢こそ、官民連携にもっとも大切なことかもしれません。

4
「令和のよろず処」を100カ所創ろう！

「買い物に行きたいが移動手段がなく困っている」

「免許証を返納したいが、病院に行くには車が必要なので悩んでいる」

私は年に数回高齢者のサロンに参加し、日常生活の困りごとなどをお聞きしています。そこで一番多く出てくる意見は「移動手段の確保」です。

このような不安に応えるため、多くの自治体が独自の公共交通機関の整備を進めていますが、答えはそれだけではありません。高齢者でも歩いて行ける場所に、買い物も健康づくりも交流もできるコミュニティを創るという「逆転の発想・工夫」が問題解決のヒントになるのです。

生駒市は、このような場を「令和のよろず処」「複合型コミュニティ」と呼び、市内に100カ所創ろうと取り組んでいます。これこそが地域における最大の移動支援・生活支援であり、地域コミュニティの基本なのです。

高齢者の一番の困りごとは移動の手段

高齢者の移動手段の確保のため、生駒市では、1万円分の「いきいきクーポン」を高齢者に配布し、タクシーやバスを含む移動手段の利用を支援しています。また、市独自の公共交通機関として「たけまる号」を5つの路線で走らせています。

しかし、遠くの病院に通っている人は、数回の通院でいきいきクーポンの1万円を消費してしまいます。財政状況は厳しさを増しており、クーポン券そのものをやめるべきとの声もある中で、クーポン券の増額は不可能です。

「たけまる号」も岐路に立っています。「たけまる号」が走る路線は、民営のバスが路線を持たない地域であり、もともと条件が厳しい路線です。市としては、乗降客の運賃収入でランニングコストの半分はカバーしてもらいたいと考えていますが、実際はほとんどの路線がこの基準を満たせず、市の財政からの補塡を余儀なくされています。「うちの地域にもたけまる号を走らせてほしい」という声を多くいただいていますが、このような利用状況では路線数を大きく増加させることは困難です。

逆転の発想

このような状況を受け、今、生駒市が取り組んでいるのは「令和のよろず処」を市内に100カ所創る挑戦です。

これは、公共交通機関をたくさん増やしてもどんどん赤字が増えるだけなのであれば、自治体はその予算を使って各地域を支援し、高齢者でも歩いていける距離に買い物できる場所や健康づくりの教室を設ければよいではないか、という発想です。

この発想の出発点は、第2章で紹介した高齢者のサロンや体操教室です。生駒市には、健康体操や脳トレなど、他の自治体とは比較にならないほど多くの高齢者福祉の拠点があります。それならば、高齢者でも歩いていけるそのような拠点に、買い物ができる機能を付与すれば良いではないか、と考えたわけです。

健康体操は毎週決められた日時・場所で行われることが多く、例えば「自治会館で、火曜日の午前10時から始まり11時過ぎに終わる」といった感じです。

これが商売する人にとってはとてもありがたい情報なのです。毎週決まった日時に自治会館に販売に行けば、買い物ニーズの高い高齢者が数十人いるのですから。

生駒市が、各地域の農家に「体操教室が終わる時間帯に野菜を売りに行ってほしい」とお願いしたところ、朝採れた新鮮な野菜が安く買えるとあって飛ぶように売れています。移動スーパーにお願いすれば、お肉や牛乳、お菓子なども売りに来てくれます。秋には新米の販売もあり、一通りの買い物は自治会館でできるのです。

高齢者・障がい者・子どもを単なる「お客様」にしない！

重要なのは、よろず処に集まる高齢者や障がい者、子どもたちを単なる「お客様」「支援してあげる存在」に固定しないことです。

例えば、高齢者は、よろず処で買った商品を持って帰るため、家からキャリーバッグなどを持ってきます。そこで、空のままキャリーバッグを持ってくるのではなく、子どもたちが昔遊んでいたおもちゃ、読んでいた文学全集やマンガのほか、使わなくなった食器や食べきれない食品（缶詰、そうめん、お菓子など）を持ってきてもらいます。何も持ってくるものがない、という方は蓋つきのバケツに生ごみを持ってきてもらってもよいし、新聞や空き缶などの資源物を持ち寄っていただきます。

本・マンガやおもちゃのコーナーを自治会館に置けば、子どもやその保護者が自然と集まってきます。地域食堂を開催し、各家庭で余った食材を活用できれば、食品ロス対策にも収益増にもつながるほか、新しい賑わいの場づくりが可能です。

生ごみ処理機を自治会館前においておけば、各家庭から集められた生ごみを投入しておくことで堆肥ができます。野菜を売りに来る農家にお分けしたり、自治会館周辺の緑化に活用すれば、ごみの減量だけでなく、花や緑のまちづくりにも役立ちます。

資源物は業者に有料で引き渡して自治会の収益にできます。余った食器もリユースしたり、フリーマーケットやインターネットで販売すれば、子どもたちの社会体験になるほか、自治会の新たな収益になります。

高齢者だけでなく、障がい者の方々にもカフェの運営や体験談の共有、子どもにも各家庭からの資源物の回収・販売や公園の管理などで活躍してもらいましょう。生駒市では認知症カフェに取り組む自治会も出てきました。

市民主体で運営するよろず処だからこそ、支援される人を固定化するのではなく、高齢者・子ども・障がい者ができることを見つけて汗をかき、支援してもらいたいことは遠慮なく伝え、他の人の力を借りやすい雰囲気をつくることが大切です。

頼り頼られる「ごちゃまぜ」の関係づくりが令和のよろず処の真骨頂なのです。

人が集まる仕組みを市民の手で創ろう

農家やスーパーが商品を売りに来てくれる仕組みを創るには、ある程度決められた日時に、多くの人が集まっていること、が不可欠です。

生駒市では、2019年度に環境省の補助金をいただき、地域の皆様（生駒市萩の台住宅地自治会）やアミタ株式会社などの力を得て、いつでもごみを出せる場、資源物を3Rできる場所を設け、これを一つの核にして地域コミュニティの活性化、よろず処のモデル事業に取り組みました。よろず処に「どのような機能があればよいか」「地域住民主導でどのように持続可能な形で運営できるか」の実証実験です。

地域の方が焼き芋やクッキー、ぜんざいをふるまったり、みんなでアート作品を作っ

り三法（中心市街地活性化法、都市計画法、大規模小売店舗立地法）が改正されてからは、商店街など中心市街地の活性化を目指す組織を指すことが多くなっています。

しかし、私が想定するまちづくり会社とは、中心市街地の活性化にとどまらず、広く地域の課題全般を取り扱い、市民や事業者の力で解決していくためのアイディアを出し、ビジネス手法を用いてアイディアを実行していく自立型の組織です。

まちづくり会社の持つ機能は以下のとおりです。

（1）まちづくりのアイディアを創る

まちづくりに関心がある人、街が大好きな人が誰でも参加可能な場を設定し、集まった人たちでまちづくりの具体的な取組を創る作業がまちづくり会社の基本です。

第3章の4で紹介したようなワークショップを行い、自己紹介、地域の課題出し、課題に対する解決策のアイディア出し、一番興味のあるアイディアを選んでグループ化、グループで自分たちができることについて議論し、最終的な取組案の完成につなげます。また、鎌倉市で行われているカマコンのように、街の課題を解決するためのアイディアをいきなり何人かがプレゼンし、参加者が一番興味のあるアイディアを選んでグループに分かれ、アイディアをブラッシュアップする方法もあります。

グループ化にどのくらいの時間をかけるのか、最初に集まったメンバーがどれだけお互いを知っているのか、などを考慮し、適切なプロセスを選択しましょう。

(2) グループ化など人的資源の整備

具体的な取組案ができたら、それを実行するための人材を集める必要があります。(1) のプロセスを経て、興味のある課題やアイディアが近い人たちをグループ化する作業です。どんなに良いアイディアでも１人では実行するのに大きな勇気がいります。だからこそ、グループ化することでまちづくりの行動力を高めるのです。

アイディアの実現にあたり、グループメンバーだけでは専門的知見や事業のノウハウなどが不十分な場合には、まちづくり会社のスタッフが、力になってくれそうな人や団体、事業者、専門家などを紹介し、グループに加えていく支援も効果的です。

(3) 財政面での支援

まちづくり会社の機能として重要なものの一つに、まちづくりのアイディア実現に必要な財政的支援があります。この数年、クラウドファンディングや寄付文化が急速に浸透し、お金の集め方が大きく変化しました。行政の補助金や銀行の融資などに頼らず、事業経費を自ら集める人も増えています。しかし、まだ多くの市民が自らの力でクラウドファンディングを行うことの難しさを感じているのも事実です。

そこで、まちづくり会社が市民などからお金を集め、まちづくりに取り組む人に、初期の段階などで一定の財政的支援を行い、活動を軌道にのせたり、ビジネスベースでの活動が具体化するよう支援することが効果的です。

まちづくり会社が必要になっている背景

どうして今、事業者や市民によるまちづくり会社を創る必要があるのでしょうか。市民や事業者によるまちづくりを自治体がともに汗をかきながら支援するだけでは不十分なのでしょうか。

私は、まちづくり会社は、「自治体3・0」のまちづくりを進化させるために不可欠だと考えています。これまで自治体が担っていた、まちづくり活動の支援や関係者同士をつなぐといった「プロデュース機能」を市民や事業者が担うことにより、「スピード感」「広がり」「ビジネス化」という意味で進化が起こると考えられるからです。「スピード感」とは、市民や事業者がまちづくりのプロデュースを行う方が、よりスピード感を持った弾力的な対応ができるということです。

行政組織がまちづくりのプロデュースを行う場合は予算の制約や議会との調整が必要になりますが、予算は原則1年単位ですので、急速に変化する社会に対応しきれなかったり、事業者と連携するタイミングを逸してしまうことがあります。

「広がり」については、第2章の3で紹介した「いこママまるしぇ」の佐村さんが、他のママさんを参加者からブース出店者へ、出店者からプロデューサーや創業へと導いている事例が典型的です。

自治体だけでまちづくりに活躍する市民や事業者を発掘するには職員のマンパワーの限界がありますが、市民がこの役割を担ってくだされば、広がりは無限に広がります。我々が知らなかった街の人材を市民から紹介してもらうこともまだまだ多く、まちづくり会社の持つ人材発掘の機能は大きな意味を持ちます。

「ビジネス化」はもっとも重要な要素かもしれません。これまでのまちづくり活動はボランティアベースの事業が多く、市民の高い意識と行動に支えられてきました。しかし、より多くの困難さや複雑さ、専門性を必要とするまちづくり活動に直面した時、ボランティアの皆さんにそのすべてに無償で対応いただくことは困難です。一方で、行政がこれを補助金などで支援することになると、市民や事業者による自立や持続可能な活動をかえって阻害する可能性もあります。

そこで、市民や民間事業者主導のまちづくり会社が、市場メカニズムの視点を意識しながら、ビジネス手法を用いた活動が増えるよう、財政的な支援を行う機能が今まで以上に重要になっています。

地域に住む人が、好きなことを、好きな時に、好きな場所で、好きな人とともに、好きなやり方で挑戦できる街を、生駒市は目指しています。その具体化のためにもっとも重要な仕組みがまちづくり会社なのです。

多様に展開するまちづくり会社

これまでに説明してきたまちづくり会社を、「民間主導型」「プラットフォーム型」

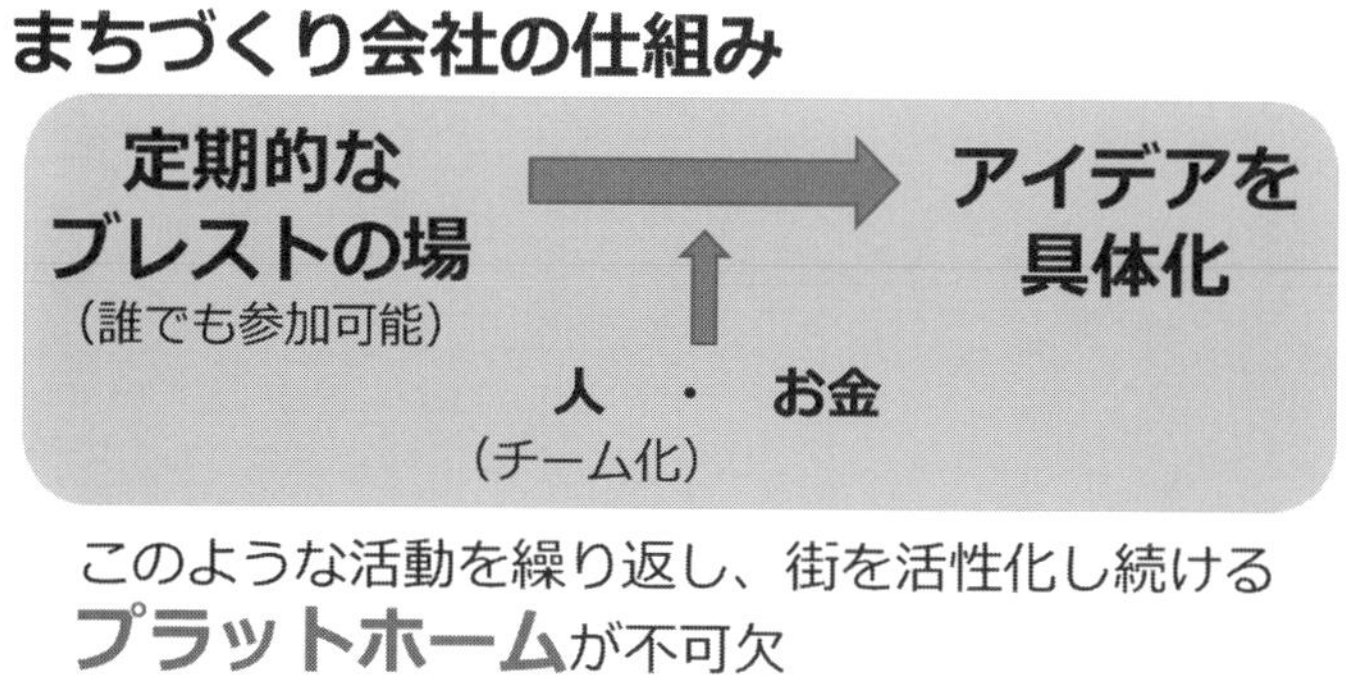

のまちづくり会社とすれば、このほかにも「行政主導型」「テーマ型」のまちづくり会社も存在します。

行政主導型のまちづくり会社として、生駒市では「いこま市民パワー株式会社」があります。生駒市が51％の株式を持つ自治体電力会社であり、電力販売の収益を子どもの見守りなどのまちづくり事業につなげています。

また、広くまちづくりの課題とアイディアを集め、みんなで実現する「プラットフォーム型」に対し、観光や農業、環境問題など特定のテーマに特化して、収益を確保しながら運営する「テーマ型」のまちづくり会社も有効です。第2章の7で紹介した「一般社団法人市民エネルギー生駒」などがこれに当たりますが、自立して収益を上げ、持続可能な活動をしている点で、今後の活躍が期待されるまちづくり会社です。

6 街を愛する市民とともに地域資本主義を築こう！

２０１７年3月の内閣府の発表によれば、２０１５年度に寄付をした人の割合は41・２％であり、わが国の寄付文化は年々拡大傾向にあります。また、「自治体３・０」のまちづくりを熱心に進める生駒市は、定住意向が高く、多くの市民がまちづくりのために寄付したいと言ってくださる街でもあります。

しかし、その想いを受け止める仕組みが国や自治体に十分準備できていません。ふるさと納税は課題も多く、自治体職員の寄付に対する意識も高いとは言えません。

今後、「自治体３・０」のまちづくりを進化させるために不可欠なことは、寄付をはじめとして「お金」の話をタブー視せず、地域を愛する市民からいただいた資金を用いて、市民が一歩踏み込んだまちづくりを進める仕組みを整備することです。

（内閣府ウェブサイト「平成28年度市民の社会貢献に関する実態調査報告書」）
https://www.npo-homepage.go.jp/uploads/h28_shimin_1.pdf

街を愛する市民からまちづくりの資金をいただく仕組み

現在のふるさと納税は、返礼品合戦の様相を呈し、「地域に住んでいる人や地域にお世話になった人が、ふるさとの発展のために寄付をする構造になっていない」という大きな課題を抱えています。

今の社会にもっとも必要なのは、自治体出身者や在住者が、自治体や市民によるまちづくりを資金面で支援する仕組みをしっかり創ることです。高齢化が進み、「ボランティアなどは難しいけれど寄付ならできる」という市民が増えている中で、市民の寄付を促す多様な受け皿づくりが不可欠です。

例えば、「生駒市在住者又は出身者」限定で寄付を募る「市民限定型クラウドファンディング」の活用が有効です。単にクラウドファンディングを使うのではなく、ふるさとやお世話になっている地域への恩返しという趣旨を明確にするためです。

また、生駒市が全国で初めて導入したのが遺贈（ふるさとへの相続）の仕組みです。２０１７年３月の日本財団の調査によると、20歳以上80歳未満の男女３０９７人のうち、遺贈の意向を持つ方は22・９％もおられます。寄付したいけれど、医療費や生活費にどの程度コストがかかるかわからないのですぐには寄付できない、という方も多い中、お亡くなりになった時点で遺産の全部又は一部を寄付する遺贈に注目が集まっています。生駒市では寄付者１名のほか、問い合わせも複数いただいています。

まちづくりに取り組む事業者を市民が支援する方法

「自治体３・０」のまちづくりを進める事業者を市民が応援することも重要です。第２章の７でも紹介した「市民エネルギー生駒」は、公共施設の屋根を利用して、出資者から募ったお金を活用して太陽光パネルを設置し、売電収入からコストを引いたうえで出資者に配当しています。このような事業に市民が出資したり、市内の株式会社によるまちづくりを支援するためにその会社の株を買うことも効果的です。投資した人は、事業者の活動や業績に加え、自然な流れで地域に関心を向けてくれます。事業者の支援と支援者による地域への関心の醸成との一石二鳥です。

もう一つは、地域消費率を高めて、地域の事業者を応援する方法です。

地域消費率とは、地元での消費で使われる金額の割合を表す数値であり、近隣の大都市で働く人が多い住宅都市では特に低い傾向にあります。飲食や買い物などの消費を職場に近い大都市で行う人が多いからです。奈良県は自宅のある市町村での消費割合が57・８％（全国平均72・１％）と全国最下位です。

奈良県「平成26年全国消費実態調査（奈良県結果）要旨」
http://www.pref.nara.jp/secure/8894/26topic.pdf

生駒市では、第２章の２で紹介したまちなかバルや１００円商店街など、地元の飲食店や小売店の活性化に取り組んだり、プラレール広場など、地域で人が集まるイベントを開催して地元消費につなげています。生駒市の自治体電力会社は、エネルギー料金の市外流出を抑制し、地域内で循環させることも狙いの一つです。このように、地域消費が増え、経済循環が進めば、市内の事業者にもプラスの影響が生まれます。

また、第１章の７で述べたワークライフコミュニティの視点を踏まえ、自宅に近い場所で働きたい市民と、雇用に課題を抱える市内事業者を自治体がマッチングできれば、雇用確保を通じた地元事業者の支援だけでなく、地域経済循環、市民の職住近接型ライフスタイルの進展のすべてにプラスとなります。

地域通貨やポイント制度の可能性

まちづくりボランティア活動、ご近所付き合いの中での助け合いや親切、環境保全のアクションなど、地域の現場における「ありがとう」「頑張ったね」「すごい！」を現金ではなく、ポイントや地域通貨という形で見える化し、交換したり、まちづくりに寄付したりしようという試みが全国各地で進んでいます。生駒市のようにコミュニティが発達し、市民がまちづくり活動に熱心な地域では特に有効で、活動のインセンティブや多様化などに大きな効果が生まれる可能性があります。

実際に、第4章の4で紹介した「令和のよろず処」でも、資源物のリサイクル、生活支援などへの貢献にポイントを付与し、リユース品との交換や自治会などへの寄付ができるよう検討しています。これにより、市民のまちづくり活動のインセンティブとなるほか、ポイントの寄付を通じたまちづくりへの参加も可能となります。

高齢者も含めスマートフォンの利用者が増えていることや、ブロックチェーンの活用などにより地域通貨等を展開するコストが下がったことなどから、地域通貨やポイントシステムなどを活用してまちづくり活動を進めることがますます有効になっていいます。自治体も市民・事業者とともに検討・実証を進めていく好機です。

データの活用は大きな可能性を秘めている

これからの自治体は、保有するビッグデータを公開し、市民生活の利便性向上やまちづくりのために積極的に活用していく姿勢が欠かせません。また、行政が保有するデータを事業者や大学などに提供する代わりに、市民の利便性やまちづくりのプラスになる支援やサービスを無償で提供してもらうような発想も必要です。

自治体がデータを事業者などに提供することを批判する人もいますが、提供するデータや基準を明確にすること、個人情報が特定されないような処理を確実に行うこと、対価を市民のために活用することなどを満たしたうえで、データ提供することを対象となる市民に説明しておけば問題ありません。

市民に寄付を求めることがタブーという風潮を打ち破る！

市民から寄付やデータをいただくことには、自治体職員にも抵抗感があるのが実情で「税金もいただいているのに寄付までお願いしにくい」ということのようです。

しかし、これまでも多くの方が多額の寄付を生駒市に託してくださっていますし、「市の福祉や医療、子育てなどにお世話になったので恩返ししたい」「子どもたちの成長に役立ててほしい」など、まちづくりへの想いをお持ちの方はほかにも多くおられます。自治体側の意識が低く、受け皿となる仕組みが不十分であるために、せっかくのお気持ちをまちづくりに活かせていないことの方がむしろ問題なのです。

どのようなまちづくりを希望しているかを寄付者にお伺いし、寄付を活用して成果を上げ、しっかりご報告できれば、自分の寄付をまちづくりに活かしてもらえたと喜んでいただけます。追加でご寄付をいただける場合もあります。

自治体にとっても、寄付をいただくと「これを使ってしっかり成果を上げなければ」と、気持ちを新たにして、一層市政に打ち込むインセンティブにもなるのです。

あとがき

みんなで創る！　日本一楽しく住みやすい街「生駒」。

これが市長就任以来、一貫して私のまちづくりのキャッチフレーズとなっています。

これからの人口減少・少子高齢化の時代、街はみんなで力を合わせなければ発展しません。楽しくなければみんなが集まらないし、持続可能な取組にはなりません。

地域によって具体的な課題は異なります。人口も年齢構成も自然環境も産業構造も異なります。しかし、どの地域でも、行政だけに頼るのではなくすべての関係者が力を合わせてまちづくりを進める必要性があることに例外はありません。

ＳＤＧｓ、人生１００年時代、地方創生、少子高齢化、人口減少、地域包括ケアシステム、Ｓｏｃｉｅｔｙ５・０など、時代の変化をとらえた様々なキーワードがメディアを賑わせています。これらのキーワードを言葉遊びに終わらせず、具体的取組を進めて魂を入れるためには、市民・事業者と行政がともに汗をかいて進める「自治体３・０」の取組が不可欠です。

生駒市は来年市制50周年を迎えます。これまでの50年を支えてくださった皆さんに心から感謝しつつ、次の50年も「みんなで創る」「楽しい」にこだわりながら、市民や事業者の皆様とともに、令和時代にふさわしい「住宅都市の未来の姿を生駒市で具体化」し続けます。

そして、その先に、「自治体3・0」をすべての自治体に展開し、各地域の取組によって日本全体を創生できるよう、全国の自治体職員や市民の皆様とともに挑戦を続けていきます。

本書の執筆に当たっては、『さっと帰って仕事もできる！　残業ゼロの公務員はここが違う！』『10年で激変する！　公務員の未来予想図』と同様、学陽書房の宮川さんから多大なご指導をいただきました。「自治体3・0」という、まだ全国的に浸透しているとは言い難いキーワードをテーマにした書籍に挑戦させていただき、執筆中も丁寧なご指導、ご支援をいただきました。

生駒市民の皆様と生駒市役所の職員は、ともに「自治体3・0」のまちづくりに汗をかく同志ですが、皆さんとの具体的な経験がなければ本書は存在しませんでした。

本書内で紹介した事例に取り組まれている皆様はもちろん、本書では取り上げることのできなかった様々なまちづくりに取り組んでおられるすべての生駒市民、関係者との日々が私に多大なる示唆を与えてくださいました。

また、本書の企画段階では、芳野行気さん、高林祐也さん、森康通さん、大垣弥生さん、荻巣友貴さんに貴重なアドバイスやご意見をいただきました。

本書の執筆を含め、日頃から私を支え、ご指導いただいているすべての皆様のご厚情に、この場をお借りして、心から感謝いたします。

最後に、国家公務員を辞めた私とともに見ず知らずの生駒市に移り、副市長から市長に挑戦したり、市長として忙しい毎日を送ったりという激動の人生を歩む中、素晴らしい毎日を共に歩んでくれている妻と3人の子どもたちに心からの感謝とお礼を述べて筆を置きます。いつもありがとう。

令和2年4月吉日

奈良県生駒市長　小紫　雅史（こむらさき　まさし）

著者紹介

小紫雅史　（こむらさき・まさし）

奈良県生駒市長。


1997年、一橋大学法学部を卒業し、環境庁（現・環境省）に入庁。ハイブリッド自動車の税制優遇、（株）ローソン等との環境自主協定の締結などに携わる。

米国のシラキュース大学マックスウェル行政大学院に留学し、2003年に行政経営学修士号（MPA）、教養学修士号（MA）を取得。

帰国後、「NPO法人プロジェクトK」「環境省を変える若手職員の会」を立ち上げ、官邸に霞が関改革の提言を提出するなど、公務員制度改革に一石を投じる。

2007年2月から3年間ワシントンDCの日本国大使館に勤務。

2011年8月、全国公募による371名の候補者の中から生駒市副市長に就任。

2015年4月、生駒市長に就任し、現在に至る（現在2期目）。

生駒市では、環境モデル都市、SDGs未来都市への認定、採用制度改革や地域に飛び出す副業制度の実施、自治体電力会社の設立、先進的な受動喫煙防止施策の推進等、数々の実績を上げる一方、市民と行政がともに汗をかいて進める「自治体3.0」のまちづくりを提唱し、全国に先駆けて実践しており、各種メディアへの出演・連載や講演も多数。

著書に『さっと帰って仕事もできる！残業ゼロの公務員はここが違う！』『10年で激変する！公務員の未来予想図』（以上、学陽書房）、『公務員面接を勝ち抜く力』（実務教育出版）、『霞が関から日本を変える』（マイナビ新書：共著）などがある。

1974年　兵庫県小野市生まれ。妻、2男1女。

市民と行政がタッグを組む！

生駒市発！「自治体3.0」のまちづくり

2020年 5 月25日　初版発行

著　者　小紫《こむらさき》　雅史《まさし》

発行者　佐久間重嘉

発行所　学 陽 書 房

〒102-0072　東京都千代田区飯田橋1-9-3

営業部／電話　03-3261-1111　FAX　03-5211-3300

編集部／電話　03-3261-1112　FAX　03-5211-3301

http://www.gakuyo.co.jp/

振替　00170-4-84240

装幀／佐藤　博

印刷／精文堂印刷　　製本／東京美術紙工

ISBN 978-4-313-15112-3 C0034

◎好評既刊◎

10年で激変する！「公務員の未来」予想図

小紫 雅史［著］

公務員の副業解禁、従来の公務員試験廃止、基礎自治体では応募者数日本一といったニュースで話題の生駒市の首長が、最新の自治体政策をふまえつつ将来を生き残る公務員像を描く！

四六判・168ページ　本体1,600円＋税

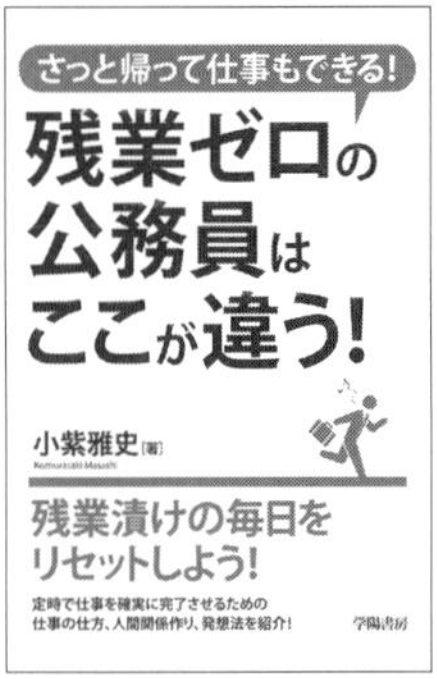

さっと帰って仕事もできる！残業ゼロの公務員はここが違う！

小紫 雅史［著］

残業をしないで成果を挙げる仕事の仕方を日々追求する著者が、職員共通の悩みである「脱・残業」への糸口、「残業ゼロ」の仕事の仕方、職場の人間関係作り、発想法をやさしく説く。

四六判・168ページ　本体1,800円＋税

マンガでわかる！自治体予算のリアル

定野 司［著］　伊藤 隆志［画］

自治体予算とは何か、どうつくられてどのように使われるのかをマンガで描いた初めての本。

市民課職員を主人公にして、予算の機能、市長・議会と予算の関係など、各章マンガと解説ページの二本立てで詳解!!

A5判・196ページ　本体1,900円＋税